Philosophische Praxis 8

Harry Wolf

Die Krux mit der Moral
Wieviel Moral braucht der Mensch?

© Titelbild: IMrSquid – stock.adobe.com

Die Deutsche Nationalbibliothek verzeichnet diese Publikation in
der Deutschen Nationalbibliografie; detaillierte bibliografische
Daten sind im Internet über http://dnb.d-nb.de abrufbar.

ISBN 978-3-98572-086-6 (Print)
ISBN 978-3-98572-087-3 (ePDF)

Onlineversion
Nomos eLibrary

1. Auflage 2023
© Academia – ein Verlag in der Nomos Verlagsgesellschaft mbH & Co. KG, Baden-
Baden 2023. Gesamtverantwortung für Druck und Herstellung bei der Nomos Verlagsgesellschaft mbH & Co. KG. Alle Rechte, auch die des Nachdrucks von Auszügen,
der fotomechanischen Wiedergabe und der Übersetzung, vorbehalten. Gedruckt auf
alterungsbeständigem Papier.

Besuchen Sie uns im Internet
academia-verlag.de

Inhaltsverzeichnis

Einleitung	7
Moralphilosophie	11
Moralische Diskussionen	13
Klimawandel, Klimaerwärmung, Klimakatastrophe	13
Sturm auf das Kapitol	14
Corona-Pandemie	15
Merkmale der Moral	17
Moral als Kampf um Gut und Böse	17
Moral ist universal gültig	25
Moral ist relativ	32
Moral ist unverhandelbar	36
Moral ist verhandelbar	37
Moral ist mächtig	37
Moral ist machtlos	38
Quellen der Moral	39
Moral ist biologisch	39
Moral ist tugendhaft	41
Moral ist religiös	45
Moral ist vernünftig	50
Moral ist geschichtlich	52
Moral ist narrativ	53
Rahmenbedingungen der Moral	55
Der Staat und die Moral	55

Inhaltsverzeichnis

Die Wirtschaft und die Moral	61
Das Menschenbild und die Moral	70

Moralische Verflechtungen	77
Macht und Moral – Moral und Macht	77
Recht und Moral	84
Kunst, Kultur und Moral	85
Künstliche Intelligenz und Moral	88

Verfallsformen der Moral	89
Moralischer Stillstand	89
Moralischer Nihilismus	91
Doppelmoral	93
Zweierlei moralische Massstäbe	94
Die Biederkeit der Moral	95

Moralischer Fortschritt	97
Moralische Vorbilder	101
Moralische Herausforderungen	102

Unser Verhältnis zur Moral	103
Meine Moral	103
Unsere Moral	105
Moralisch gut dastehen	106
Moralisch besser dastehen	107
Identität und Moral	108

Die Krux mit der Moral	111
Das moralische Universum	111
Moralisch leben heute	114

Literaturverzeichnis	115

Einleitung

Die aktuelle Zeit ist nicht arm an Krisen. Mit dem Überfall auf die Ukraine ist der Westen unerwartet in eine Situation versetzt worden, von der er ausging, dass sie der Vergangenheit angehört. Mit dem Sturm auf das Kapitol am 6. Januar 2021 ist die USA knapp an einer Verfassungskrise vorbeigeschrammt. Die Corona-Krise forderte Staaten und Bevölkerung bis und über die Belastungsgrenze. Die Klimakrise begleitet uns schon länger, ohne dass eine Lösung in Sicht wäre.

All diesen Krisen ist gemeinsam, dass sie moralische Diskussionen auslösen. Diese Krisen stören das, was wir in unseren Breitengraden als normales Leben gewohnt sind. Sie passen nicht zu unserer Vorstellung von einem normalen Leben. Sie stören unsere Lebensentwürfe. Wir sehen uns plötzlich Fragen und Problemen ganz grundsätzlicher Natur gegenübergestellt. Wir werden uns bewusst, dass wir uns in schwierigen Zeiten befinden. Es tauchen moralische Fragen auf, die wir uns bisher nicht gestellt haben, nicht stellen mussten.

Putin fällt mit seiner Armee in ein benachbartes Land ein. Es ist ihm vollkommen egal, wie viele Soldaten, Zivilistinnen und Zivilisten dabei getötet werden. Die ganze Grausamkeit, die ein Krieg mit sich bringt, wird uns vor Augen geführt. Kriege sind das Ende der Moral. Kontrovers diskutiert und moralisch aufgeladen ist die Frage, wie der Westen auf diesen Krieg reagieren soll. Auf der einen Seite haben wir jene, welche die Ukraine in ihrem Verteidigungskampf unterstützen wollen. Nicht nur moralisch, sondern auch mit Lieferung von Waffen. Es geht um die Verteidigung der Freiheit und der Souveränität der Ukraine. Die Ukraine kämpft nicht nur für sich selbst, sondern für den Westen insgesamt. Würde Russland den Krieg gewinnen, müsste damit gerechnet werden, dass sich der Krieg auch auf andere Staaten ausweitet.

Die andere Seite führt die vielen Todesopfer an. Jeder weitere Tag Krieg fordert mehr Menschenleben. Die Waffenlieferungen an die Ukraine führen dazu, dass sich der Krieg auf unbestimmte Zeit in die Länge zieht. Die Zahl der Toten wächst stetig. Die militärische Logik führt dazu, dass auf beiden Seiten immer mehr Waffen und Soldaten benötigt werden. Das Risiko einer Eskalation zu einem Atomkrieg steigt damit stetig. Die diplomatischen Möglichkeiten werden zu wenig ausgeschöpft, um einen Waffenstillstand zu erzielen. Die Wirtschaftssanktionen scheinen in Russland nur beschränkt wirksam zu sein und führen im Westen zu Wohlstandsverlusten.

Mit Donald Trump haben wir einen amerikanischen Präsidenten erlebt, bei dem Unmoral Programm ist. Lügen gehörte zum täglichen Geschäft. Seine Anhängerinnen und Anhänger störte das nicht. Im Gegenteil. Alles, was zählte, war der Machterhalt. Höhepunkt war der Sturm aufs Kapitol, der die Vereinigten Staaten in eine Krise stürzte. In den USA befinden sich Demokraten und Republikaner schon seit längerem auf Konfrontationskurs. Kompromisse, wie sie früher noch möglich waren, gehören der Vergangenheit an. Was bedeutet das für den moralischen Zustand einer Nation?

In der Corona-Pandemie sind unterschiedliche Moralvorstellungen aufeinandergeprallt. Den einen gingen die staatlich angeordneten Maßnahmen viel zu weit, den andern nicht weit genug. Impfbefürworter und Impfgegner lagen sich in den Haaren. Gegenseitig warf man sich unmoralisches Verhalten vor. Für die einen war Maskentragen ein nicht zu akzeptierender Verlust der Freiheit. Impfen tangierte die körperliche Unversehrtheit. Für die anderen waren Impfen und Maske tragen moralische Pflicht. Nur so lasse sich die Pandemie eindämmen. Freundschaften, Familien und Paare brachen ob dieser Diskussionen auseinander. Hier zeigt sich die Krux mit der Moral in seiner ganzen Härte.

In der Klimadebatte gibt es jene, die den Klimawandel entweder nicht zur Kenntnis nehmen wollen oder als naturgegeben erachten bis zu jenen, die angesichts der bevorstehenden Klimakatastrophe die Politik mit Demonstrationen und Aktionen am und über dem Rande der Legalität zu griffigeren Maßnahmen bewegen wollen. Klimaaktivistinnen und -aktivisten beschwören apokalyptische Szenarien herauf. Gegnerinnen und Gegner halten das für unnötige Angstmache. Die Jugendlichen um Greta Thunberg sehen mit der Klimaerwärmung ihre Zukunft bedroht. Die geforderten Maßnahmen zielen auf eine Verhaltensänderung der Menschen. So geht es ihnen darum, den CO_2-Ausstoß zu verringern. Wir sollten weniger oder am besten gar nicht Auto fahren, weniger oder am besten gar nicht fliegen, weniger oder am besten gar kein Fleisch essen. Sie kritisieren unseren klimazerstörenden Lebensstil. Konfrontiert mit diesen Forderungen wird den Klimaaktivistinnen und -aktivisten vorgeworfen, sie würden moralisieren. Klimaaktivisten werden damit als Moralapostel oder Moralpredigerinnen abgestempelt. Hier stellt sich die Frage: Wieviel Moral braucht der Mensch?

Einleitung

Wir streiten uns über die richtigen Maßnahmen im Ukrainekrieg, in der Corona-Pandemie und in der Klimakrise. In all diesen Kontexten geht es um Moral. Doch was ist das: die Moral? Woran denken Sie, wenn Sie das Wort Moral hören? Ist Moral für Sie positiv oder negativ besetzt? Ist Moral für Sie ein Set von lästigen Vorschriften oder die Grundlage für ein gedeihliches Zusammenleben? Woher haben Sie Ihre Moral, woher haben wir unsere Moral? Worin bestehen die Unterschiede zwischen meiner Moral und unserer Moral? Was heißt hier „unsere Moral"? Gibt es sowas? Und wozu brauchen wir überhaupt Moral? Diese Fragen sind es, weshalb ich von der Krux mit der Moral spreche.

Zweifellos könnte die Welt besser sein, als sie ist. Ich kann mir eine Welt vorstellen, in der es weder Krieg noch Hunger noch Armut gibt. Umso mehr oder gerade deswegen, weil es die Menschheit in der Hand hätte, diese Übel aus der Welt zu schaffen. Die Zeichen, dass sich die Welt zum Besseren wendet, stehen allerdings schlecht. In der Ukraine herrscht Krieg. In den USA stehen sich Demokraten und Republikaner bedrohlich gegenüber. Eine erneute Pandemie ist sehr wahrscheinlich und die Folgen der Klimaerwärmung haben uns bereits erreicht.

Moralische Fragen treiben mich um. Bin ich für oder gegen Waffenlieferungen an die Ukraine? Wie groß erachte ich die Gefahr eines Atomkrieges? An welchen moralischen Grundsätzen habe ich mich während der Corona-Pandemie orientiert? Was ist meine moralische Verantwortung in der Klimakrise? Muss ich mich damit abfinden, dass Lügen in der Politik inzwischen der Normalzustand sind?

Ich werde das Phänomen Moral aus verschiedenen Perspektiven in den Blick nehmen. Die Merkmale der Moral sollen aufgezeigt und die Quellen der Moral freigelegt werden. Es geht um die Frage, wie eine bessere Welt aussehen könnte und welche Rolle dabei die Moral im Kontext von Macht und Politik, von Individuum und Gesellschaft spielt. Dies nicht zuletzt, um sich selbst im moralischen Universum zu verorten und sich die Frage zu stellen und zu beantworten, was es heute heißt, moralisch zu leben.

Moralphilosophie

In dieser Abhandlung geht es um Moralphilosophie. Moralphilosophie scheint mir für mein Unterfangen der passendere Begriff als Ethik. Ethik wird in der modernen Philosophie als jenes Teilgebiet verstanden, das rationale Begründungen für die Moral bereitstellen soll. Neuere Untersuchungen zur Moral zeigen, dass Moral ihre Grundlage in der emotionalen Bewertung von Situationen und Handlungen hat. Von daher stellt sich die Frage, ob rationale Argumentation den Kern der Ethik überhaupt trifft.[1] Mir geht es darum, jene Moralbestände freizulegen, an denen wir uns nach wie vor orientieren. Die Quellen unserer Moral sind vielfältiger Natur. Religionen, Mythen, Philosophien spielen dabei genauso eine Rolle wie unser evolutionsbiologisches Erbe. Wie wir sehen werden, hat Moral viele Facetten. Meine moralphilosophischen Überlegungen beziehen ihr Motiv am Leiden an der Welt auf der einen Seite und in der Bewunderung der vielfältigen und beachtlichen kulturellen Leistungen der Menschheit auf der anderen Seite.

Mein Nachdenken über Moral ist eine Folge der oben geschilderten Krisen und der damit verbunden moralischen Diskussionen. Was passiert hier genau? Weshalb sind moralische Diskussionen häufig so emotional? Welche Emotionen spielen dabei eine Rolle? Wie ist das Verhältnis von Emotionalität und Rationalität in Fragen der Moral zu verstehen? Handelt es sich dabei wie gemeinhin angenommen um einen Gegensatz? Wir empören uns über Ungerechtigkeit. Wir sind fassungslos angesichts des Überfalls auf die Ukraine. Wir leiden mit all jenen, die von Hunger und Elend betroffen sind. Diese Emotionen sind Anlass, uns über grundlegende Fragen Gedanken zu machen und die Frage zu beantworten, was moralisches Denken und Handeln beinhaltet.

Natürlich ist es Wunsch, Absicht und Hoffnung, dass meine moralphilosophischen Überlegungen einen Beitrag zur Verbesserung der Welt leisten. Aber vielleicht handelt es sich hierbei nur um einen verzweifelten Versuch, gegen die vielfältigen Krisen und Katastrophen anzurennen. Von Adorno stammt der Satz: Es gibt kein richtiges Leben im Falschen. Vielleicht ist

---

1 Vgl. hierzu Johannes Fischer: Ethik als rationale Begründung der Moral. Über eine moralphilosophische Verirrung. Zürich 2010.

diese Abhandlung auch der Versuch, eine Antwort auf die Frage zu geben, wie ein moralisches Leben im Falschen überhaupt noch aussehen könnte.

Bei meinen Ausführungen über Moral geht es mir nicht um rationale Legitimierung, sondern um eine Bestandsaufnahme dessen, was wir heute alles unter Moral verstehen und was deren Funktion in unserer Gesellschaft ist. Es geht darum zu verstehen, was es für das Individuum bedeutet, in einem bestimmten moralischen Umfeld zu leben. Wie gestaltet sich das Verhältnis von Individuum und Gesellschaft in Bezug auf individuelle und gesellschaftliche Moralvorstellungen? Wir leben nicht in einem moralfreien Raum. Wir befinden uns immer schon in einer moralisch vorgeformten Welt, zu der wir uns kritisch oder unkritisch, bewusst oder unbewusst verhalten können. Es geht um die Freilegung dieser moralischen Welt. Es werden verschieden Formen moralischen Lebens beschrieben. Es geht um die Frage, was moralisch leben in der heutigen Zeit heißen könnte und wie gesellschaftliche, politische und wirtschaftliche Bedingungen die Moral beeinflussen. Es geht um das Verhältnis von mir, zu mir selbst, zu meinen Mitmenschen und zur Welt insgesamt.

Moralische Diskussionen

Schauen wir uns die einleitenden Beispiele genauer an, um zu verstehen, worum es bei moralischen Diskussionen geht.

Klimawandel, Klimaerwärmung, Klimakatastrophe

Ob man von Klimawandel, Klimaerwärmung oder Klimakatastrophe spricht, macht bereits einen Unterschied. Klimawandel klingt neutral. Bei Klimaerwärmung können die Assoziationen unterschiedlich sein. Ein wärmeres Klima ist ja nicht per se schlecht. Anders sieht die Sache beim Begriff Klimakatastrophe aus. Eine Katastrophe ist kein erwünschter Zustand. Es gilt ihn zu vermeiden. Das Pariser Klimaabkommen verpflichtet alle Staaten zur Reduktion der Treibhausgase. Ziel ist es, die durchschnittliche globale Erwärmung im Vergleich zur vorindustriellen Zeit auf deutlich unter zwei Grad Celsius zu begrenzen.

Die Klimaaktivistinnen und Klimaaktivisten beklagen, dass sich die Staaten zu wenig um die Umsetzung kümmern. Sie erheben Forderungen an die etablierte Politik, griffige Maßnahmen umzusetzen. Letztlich geht es darum, dass die Menschheit auf einen klimaneutralen Pfad umsteigt. Viele nehmen die Forderungen als moralischen Appell wahr. Sie fliegen nicht mehr, fahren nicht mehr Auto und leben vegan. Klar ist aber auch, dass moralische Appelle nicht ausreichen, um das Ziel zu erreichen. Es bedarf der Durchsetzung mit staatlichen Mitteln.

Für unser Moralthema lässt sich feststellen: Moral zielt auf ein Verhalten der Menschen zu einem bestimmten Zweck. Im konkreten Fall besteht der Zweck darin, die Klimaerwärmung unter zwei Grad Celsius zu halten. Die aktuelle Moral, d. h. das aktuelle Verhalten der Menschheit ist nicht klimaneutral. Um die Menschheit auf den klimaneutralen Pfad zu bringen, braucht es eine neue Moral. Die Klimaaktivistinnen und -aktivisten versuchen, diese neue Moral mit Hilfe der Politik zu etablieren. Sollte die Menschheit auf einen klimaneutralen Pfad einschwenken und dies mit staatlichen Mitteln durchsetzen, wäre damit eine neue Moral etabliert.

Nicht alle sind von der Idee begeistert, den klimaneutralen Pfad einzuschlagen. Um diese Forderungen abzuwehren, werden die Klimaaktivistinnen und -aktivisten gerne als Moralistinnen und Moralisten abgestempelt. Die neue Moral wird mit dem Vorwurf des Moralisierens abgewehrt. Klimaaktivistinnen und -aktivisten verlangen von mir, mein Verhalten zu ändern. Sie verlangen Verhaltensänderungen, die meinen gewohnten Lebensstil in Frage stellen. Schließe ich mich den Argumenten und den Forderungen der Klimaaktivisten an, ändere ich mein Verhalten. Will ich mein Verhalten nicht ändern, kann ich entweder die Faktenlage bestreiten oder die Klimaaktivisten mit dem Moralismusvorwurf diskreditieren. Mit Moralisieren wehrt man moralische Forderungen anderer ab. Diese werden als überzogen erachtet. Zu viel Moral lautet das Verdikt.

Gemeinhin kommt Moralisieren bei den Adressaten nicht gut an. Wir lassen uns nicht gerne vorschreiben, was wir zu tun haben. Mit dem Vorwurf des Moralisierens geben wir dem anderen zu verstehen, dass er es mit der Moral übertreibt. Man fühlt sich in seiner moralischen Haltung attackiert oder herabgesetzt. Der andere plustert sich als Gutmensch auf und lässt mich schlecht aussehen. Wenden wir die vorläufige Bestimmung von Moral an, wonach Moral auf ein Verhalten der Menschen zu einem bestimmten Zweck zielt, so zeigt sich, dass Moralisieren, wie der Vorwurf, der andere moralisiere, die gleiche Struktur haben. Beide zielen darauf ab, von anderen ein bestimmtes Verhalten zu fordern. Die einen verlangen ein klimaneutrales Verhalten, die anderen verlangen, sie sollen das Moralisieren unterlassen. Sowohl zu moralisieren als auch zu verlangen, nicht zu moralisieren, sind Formen des Moralisierens.

Sturm auf das Kapitol

Etwas anders gelagert ist der Fall Donald Trump. Lügen gilt gemeinhin als unmoralisch. In der Politik ist Lügen allerdings nichts Ungewöhnliches. Und nicht nur in der Politik. Normalerweise ist jedoch derjenige, dem nachgewiesen wird, dass er gelogen hat, diskreditiert. Nicht so bei Donald Trump. Seine Anhängerschaft stört das offenbar nicht und sie ist nicht gerade klein. Es scheint, dass Lügen nicht mehr als unmoralisch gilt.

Donald Trump versuchte mit allen möglichen Mitteln, seine Wiederwahl zu erzwingen. Der Erhalt der Macht war sein erklärtes Ziel. Wäre es möglich gewesen, hätte er sich sogar mit einem Putsch an der Macht gehalten. Er wäre bereit gewesen, die demokratischen Institutionen zu zerstören. In einem Rechtsstaat orientiert sich staatliches Handeln an moralischen Prinzipien. Demokratie und Rechtsstaat sind moralische Prinzipien eines liberalen Staates. Sie regeln das Verhalten der Menschen zu einem bestimmten Zweck. Im Falle der Wahlen in den USA besteht der Zweck der Moral darin, einen friedlichen Machtwechsel zu ermöglichen. Dieser moralische Zweck wurde durch Donald Trump negiert.

Auch hier gilt: Moral zielt auf ein Verhalten der Menschen zu einem bestimmten Zweck. Zudem stellen wir fest: Staaten regeln das Verhalten ihrer Bürgerinnen und Bürger mit Hilfe von Gesetzen und haben die Mittel, diese auch gegen ihren Willen durchzusetzen. Staatliche Gesetze und Institutionen sind moralisch durchdrungen. Wäre es Trump gelungen, die Macht an sich zu reißen, wären die bisherigen moralischen Prinzipien der amerikanischen Verfassung über Bord geworfen worden.

Aus den bisherigen Überlegungen lässt sich festhalten: Moral zielt auf ein Verhalten der Menschen zu bestimmten Zwecken. Wir müssen uns somit über die Zwecke verständigen, wie auch über die Möglichkeiten, wie auf das Verhalten der Menschen Einfluss genommen werden kann. Aufgrund der bereits erwähnten beiden Beispiele können wir als Zweck bestimmen:

– Betreffend das Klimathema geht es um den Zweck, die Klimaerwärmung unter zwei Grad Celsius zu halten. Die Moral verlangt ein klimaneutrales Verhalten der Menschheit.
– Bei den Wahlen in den USA besteht der Zweck darin, einen friedlichen Machtwechsel herbeizuführen. Die Moral verlangt von den bisherigen Amtsinhaberinnen und Amtsinhabern ein den staatlichen Gesetzen und Verfahren konformes Verhalten.

Corona-Pandemie

Betrachten wir nun die moralischen Diskussionen, die sich mit der Corona-Pandemie einstellten. Sie drehten sich um die Frage des Impfens und des Maskentragens. Die Impfbefürworter erachteten es als moralische Pflicht, sich impfen zu lassen und Masken zu tragen. Die Impfgegner machten die körperliche Unversehrtheit geltend.

Auch hier können wir die Aussage, dass Moral auf das Verhalten der Menschen zu einem bestimmten Zweck zielt, anwenden. Impfbefürworterinnen und -befürworter sehen den Zweck in der Bekämpfung der Pandemie mit Hilfe der Impfung. Impfgegnerinnen und Impfgegner verweisen auf die rechtliche Verankerung der körperlichen Unversehrtheit. Die Maskengegner machen Freiheitsrechte geltend.

Moralische Diskussionen

Der Staat empfiehlt die Impfung einerseits zum Schutz der Menschen gegen das Virus und andererseits, um die Ausbreitung des Virus zu minimieren. Bei den Masken wurde die Tragpflicht verordnet. Bei der Impfung setzte der Staat auf die Freiwilligkeit der Bevölkerung. Eine Impfpflicht wurde zwar erwogen, aber in Deutschland und der Schweiz nicht eingeführt. Sich impfen zu lassen, wurde als moralische Aufforderung aufgefasst. Bei der Maskenpflicht gingen die Staaten einen Schritt weiter. Maskenverweigerer konnten bestraft werden.

Der Zweck der Moral bestand darin, die Menschen vor Erkrankung und Tod durch das Virus zu schützen. Gleichzeitig sollte verhindert werden, dass die Wirtschaft zum Erliegen kommt. Die Regierungen mussten die Wahl der Mittel abwägen. Die Isolierung der Menschen durch Lock-Downs führte zu wirtschaftlichen, sozialen und psychischen Problemen. Mit der Einführung von Impfzertifikaten mussten jene, die sich nicht impfen lassen wollten, zusätzliche Einschränkungen hinnehmen.

In allen betrachteten Fällen gilt: Moral zielt auf das Verhalten der Menschen zu einem bestimmten Zweck. Meist wird Moral jedoch im Kontext von Gut und Böse verortet. Die Verwendung der Begriffe Gut und Böse führt zu einer Polarisierung, zu einem Entweder-Oder. Das macht Diskussionen schwierig bis unmöglich. Sobald ich den anderen als böse einstufe, bin ich nicht mehr bereit, mich mit ihm zu unterhalten.

Merkmale der Moral

Moral als Kampf um Gut und Böse

Geht es bei der Moral aber nicht genau darum, zwischen Gut und Böse zu unterscheiden? Immer, wenn von Moral die Rede ist, scheint es um Gut und Böse zu gehen. Moral hat es mit dem Guten zu tun. Unmoral mit dem Bösen. Nur, wie bestimmen wir, was gut und was böse ist? Wir müssen uns darüber verständigen, was, so behaupte ich, in Bezug auf das Böse, gar nicht so schwer ist. Alles, was Personen bewusst physisch schädigt, ist böse. Alles, was Personen bewusst herabsetzt, diskriminiert oder erniedrigt, ist böse. Es wäre eine Welt ohne Krieg, ohne Mord und Totschlag, ohne physische und psychische Gewalt. Das Leid wäre nicht aus der Welt geschafft, aber deutlich reduziert. Naturkatastrophen und Krankheiten werden weiterhin Leid verursachen. Auch Unfälle mit Verletzten und Toten wird es weiterhin geben. Es ist durchaus möglich, sich eine Welt vorzustellen, in der es das Böse nicht mehr gibt. Das Übel werden wir nicht aus der Welt schaffen können, aber warum nicht das Böse?

Die Gerichtsreporterin Sabine Rückert hat in ihrer Tätigkeit einige Mörder kennengelernt.[2] Das Böse ist für sie eine Realität. In Gerichtsprozessen wird dem Bösen auf den Grund gegangen. Verbrechen haben in der Regel einfach nachvollziehbare Ursachen. Meist ist die Ursache für die Verbrechen in einer schlimmen Jugend zu finden. Es gibt für Rückert nur wenige Fälle, in denen es keine Erklärung für die Verbrechen gibt. Sie geht davon aus, dass jeder von uns unter bestimmten Umständen zum Mörder werden könnte. Besonders gefährlich wird es dann, wenn die Gesellschaft in einen Zustand gerät, in dem das Böse normal wird. Wie beim Klimawandel könnte man von einem Kipppunkt sprechen. Es findet eine Umwertung der Moral statt. Bestimmte Gruppen von Menschen auszugrenzen, sie zu erniedrigen, ja sie zu vernichten, wird plötzlich als normal betrachtet.

Die Anwendung des Gut-Böse-Schemas hat einige Vorteile. Wenn ich weiß, was gut und was böse ist, kann ich mir weitergehende Auseinandersetzungen ersparen. Wenn wir wissen, was böse ist, können wir es entspre-

---

2 Schweizer Fernsehen. Sternstunde Religion vom 2. Oktober 2022. Sabine Rückert über das Gute und das Böse.

chend bekämpfen. Der Kampf richtet sich dabei auf die Bösen. Diese gilt es zu identifizieren, zu bestrafen, umzuerziehen oder sogar zu zerstören. Ein in Diktaturen beliebtes Muster. Es handelt sich dabei um die verschärfte Version des Ingroup-Outgroup-Schemas. Wer zu meiner Gruppe gehört, ist gut, wer nicht dazu gehört, ist böse. In Filmen wird dieses Prinzip erfolgreich angewendet und erfreut sich großer Beliebtheit. Die Guten kämpfen gegen die Bösen. In jedem Thriller finden wir dieses Muster. So sehr wir dieses Gut-Böse-Muster lieben, so sehr sind wir uns bewusst, dass die Welt komplexer ist. Das Schema von Gut und Böse verbaut uns den Blick für das, was dazwischen liegt.

Michael Schmidt-Salomon schlägt in seinem Buch „Jenseits von Gut und Böse. Warum wir ohne Moral die besseren Menschen sind" vor, die Kategorie des Bösen ganz zu verabschieden. Gut und Böse sind für ihn metaphysische Konzepte, von denen wir uns trennen sollten. Neben Gut und Böse sollten wir auch das Schema von Schuld und Sühne hinter uns lassen. Er geht davon aus, dass wir in einer bestimmten Situation zwar verschiedene Handlungsmöglichkeiten haben, dass wir aber nicht anders können, als jene Handlung zu realisieren, die wir dann realisieren. Meine Handlungen sind einerseits genetisch und andererseits durch meine Lebensgeschichte präformiert. Es macht einen Unterschied, ob ich in einer wohlbehüteten oder in einer zerrütteten Familie aufgewachsen bin. Der eine wird bedingt durch die sozialen Umstände Richter, der andere wird kriminell. Am Ende landet der Kriminelle vor dem Richter. Und der Richter verurteilt den Kriminellen. Der Richter hat doppelt Glück, der Kriminelle doppelt Pech. Der eine konnte aufgrund seiner sozio-ökonomischen Situation seine Talente entfalten, der andere wuchs unter Bedingungen auf, unter denen es keine andere Möglichkeit gab, als kriminell zu werden. Das klingt nun so, dass beider Lebenswege nur so und nicht anders hätten verlaufen können. Und genauso ist es gemeint. Dies gilt allerdings nur in der Retrospektive. Nicht in Bezug auf die Zukunft. An einem bestimmten Punkt im Leben habe ich diese oder jene Entscheidung getroffen. Gemeinhin gehen wir davon aus, dass ich mich an jenem Punkt auch hätte anders entscheiden können. Dass ich mich aber so und nicht anders entschieden habe, ergibt sich aus der genetischen und lebensgeschichtlichen Disposition zum Zeitpunkt der Entscheidung. Ich hätte nicht anders entscheiden können. Das gilt sowohl für den Kriminellen wie auch für den Richter. Der Kriminelle konnte nicht anders als kriminell handeln, der Richter konnte nicht anders als das Urteil so fällen, wie er es getan hat.

Anders formuliert: Wäre ich im gleichen Umfeld aufgewachsen, hätte ich mich genau gleich verhalten. Wäre also auch Richter oder Krimineller geworden. Das hätte zur Konsequenz, dass all die Übel, die auf der Welt geschehen, nicht als moralische Übel, sondern als natürliche Übel zu betrachten sind. Ich muss gestehen: Mir fällt es schwer, die Dinge so zu betrachten. Doch genau dies ist die Idee von Schmidt-Salomon. Rechtlich würde das bedeuten, dass wir auf den Begriff der Schuld verzichten könnten. Wer gegen die Gesetze verstößt, wird zwar weiterhin verurteilt und bestraft, aber nicht für schuldig erklärt. Damit soll auch der Rache – zumindest theoretisch – das Fundament entzogen. Rache ist auf die Vergangenheit bezogen, sie will Vergeltung für eine als böse erachtete Tat. Strafe ist auf die Zukunft bezogen. Sie will die Gesellschaft vor verbrecherischen Handlungen schützen. Um die Übel aus der Welt zu schaffen, bedarf es folglich mehr Ursachenforschung. Welches sind die Ursachen für kriminelle Handlungen? Welchen Anteil haben dabei die gesellschaftlichen Verhältnisse und wie müssten diese beschaffen sein, um sie zu minimieren? Der Prävention müsste mehr Beachtung geschenkt werden.

Wenn wir hingegen davon ausgehen, dass jemand böse ist, quasi als genetische Disposition, liegen die Dinge anders. Qualifizieren wir jemanden als böse, geben wir damit zu verstehen, dass er Böses im Sinn hat. Oder noch extremer, dass er Böses um des Bösen willen tut. Die Gründe für die bösen Taten und die jeweiligen Umstände interessieren uns dann nicht mehr. Böse müssen dann weggesperrt oder vernichtet werden. Therapierbar sind sie nicht. Es hängt also sehr viel davon ab, wie wir das Böse verstehen. Terry Eagleton bringt das folgendermaßen auf den Punkt: „Entweder sind menschliche Handlungen erklärbar, dann können sie nicht böse sein, oder sie sind böse, dann lässt sich nichts mehr über sie sagen."[3] Für Eagleton sind beide Standpunkte nicht richtig. Er hält die Auffassung, dass wir für das, was wir tun, vollkommen verantwortlich sind, für den Kern der Moral. Eagleton vertritt die Auffassung, dass das Böse nicht völlig rätselhaft ist, wohl aber die Grenzen alltäglicher sozialer Verhältnisse transzendiert. Er versteht das Böse metaphysisch, insofern es sich gegen das Sein als solches wendet. Es fällt Eagleton wie mir schwer, sich SS-Leute als unglückliche Opfer der Verhältnisse vorzustellen.

Wie Schmidt-Salomon so befasst sich auch Eagleton mit dem Konzept der Erbsünde. Während Schmidt-Salomon dieses Konzept ablehnt, interpretiert es Eagleton psychoanalytisch. Es geht um die Frage, wieviel Auto-

---

3 Terry Eagleton: Das Böse. Berlin 2010, S. 17.

nomie man dem Menschen zugesteht. Gemäss Eagleton stellt das Konzept der Erbsünde *die individualistische Doktrin in Frage, nach der wir ganz allein die Eigentümer unseres Handelns sind.* Wir werden in bestimmte geschichtliche und soziale Verhältnisse hineingeboren, die wir uns nicht ausgesucht haben, die uns aber wesentlich prägen, die unsere Identität mitbestimmen. Daraus folgt nicht, dass wir nichts gegen das Böse unternehmen könnten. Eagleton vergleicht es mit der Krankheit. Krankheiten gehören zum Leben, gleichwohl sind wir darum bemüht, Krankheiten zu behandeln, wenn möglich zu heilen. So gehört das Böse zum Menschen, gleichwohl gilt es, gegen das Böse anzutreten.

In der Weltpolitik ist das Schema von Gut und Böse gang und gäbe. Erinnert sei an die Achse des Bösen im Anschluss an die Terroranschläge vom 11. September 2001. Viel weiter sind wir aktuell nicht. In den USA sind die Fronten verhärtet und bewegen sich voll in diesem Schema. Donald Trump ist der Gute, der die USA retten wird. Die Demokraten sind die Bösen, die es zu schlagen gilt. Und umgekehrt. Was den Krieg gegen die Ukraine betrifft, fällt es den meisten von uns vermutlich nicht schwer, Putin als den Bösen und Selenski als den Guten zu betrachten.

Unterstellen wir hingegen, dass die Menschen das tun, was sie tun müssen und nicht anders können, dann müssten wir also sagen, dass Trump und Putin nicht anders können. Wir müssten sie gleichsam als Naturgewalten ansehen. Mir fällt das wie gesagt schwer.

In diesem Zusammenhang müssen wir noch ein weiteres Problem bezüglich der Achse Gut und Böse betrachten. Häufig wird behauptet, dass sich die beiden gegenseitig bedingen. Beim Versuch das Gute realisieren zu wollen, kann es passieren, dass auf einmal das Böse um sich greift. Am Beispiel der Länder, die sich als sozialistisch verstanden oder verstehen, lässt sich zum Beispiel zeigen, dass sich die ursprüngliche Idee, Glück und Wohlstand für die Bevölkerung zu erzielen, in ihr Gegenteil verkehrte. Die Staaten werden repressiv, diktatorisch und totalitär. Kritik wird unterbunden. Staatskritikerinnen und Staatskritiker werden ins Gefängnis geschickt oder umgebracht. Der Versuch, das Gute realisieren zu wollen, endet in Totalitarismus mit grausamen Folgen. Welche Schlüsse lassen sich daraus ziehen? Entweder stimmt mit der Theorie, wie sich das Gute für die Bevölkerung realisieren lässt, etwas nicht oder es liegt an der Umsetzung. Im Fall des Kommunismus scheint mir das Erstere plausibler. Hier würde ich mit Karl Popper beliebt machen: Lasst Theorien sterben anstatt Menschen. Aufgrund der geschichtlichen Erfahrung sind sowohl kommunistische als auch faschistische Staaten diskreditiert. Das Gleiche gilt für Staaten, in denen die Religion Maßgabe für politisches Handeln ist. Politik und Religion neigen beide zu einem Entweder-Oder. Kommunismus gegen Kapitalismus, Katholiken gegen Protestanten, Sunniten gegen Schiiten. Hindus gegen Moslems. Dieses Entweder-Oder ist Basis für Kriege. Aus dieser Phänomenbeschreibung wird der Schluss gezogen, dass der Krieg zum Menschen an sich gehöre. So auch Carl Schmitt, für den Politik in der Unterscheidung von Freund und Feind bestand. Dem Krieg wird sogar eine positive Funktion zugewiesen, indem er den Fortschritt der Menschheit befördere, ja er sei unentbehrlich für menschliche Vortrefflichkeit. Das ist dann die umgekehrte Idee, wonach das Böse das Gute hervorbringe.

Doch bleiben wir vorerst bei der ersten Variante, wonach das Gute das Böse hervorbringt. Im Film „Das Wunder von Kapstadt"[4] wird die Geschichte der ersten Herztransplantation erzählt. Zwei Chirurgen kämpfen um den Titel, wer als Erster erfolgreich eine Herztransplantation durchführt. Es handelt sich um Prof. Kohlfeld in Deutschland und Christiaan Barnard in Südafrika. Protagonistin des Films ist die junge deutsche Medizinerin Lisa Scheel. Die angestrebte Assistenzstelle bei Kohlfeld wird ihr durch unfaires Verhalten eines Kollegen verwehrt. Sie entschließt sich deshalb, nach Kapstadt zu reisen, um im Team von Barnard mitarbeiten zu können. In Südafrika wird sie unsanft mit der Apartheid konfrontiert. Die herrschende Moral der Rassentrennung verträgt sich nicht mit ihrer Moral, die Menschen nicht aufgrund ihrer Hautfarbe diskriminiert sehen will. In der Klinik arbeitet der schwarze Hamilton Naki als Gärtner. Wie sich herausstellt, ist Naki chirurgisch sehr begabt und wird von Prof. Barnard heimlich angestellt, um bei Affen Organe zu entnehmen. Für südafrikanische Verhältnisse zu jener Zeit ein No-Go. Mehrmals prallen die unterschiedlichen Moralvorstellungen aufeinander. Als es darum geht, ein Spenderorgan für eine weiße Patientin zu finden, schlägt Lisa Scheel aus medizinischen Gründen vor, die Niere einer schwarzen Person zu verwenden. Ihre Teamkollegen sind empört. Als die Klinikleitung davon erfährt, wird Barnard angewiesen, die weniger geeignete Niere einer weißen Person als Spenderorgan zu verwenden. Das Aufeinanderprallen der individuellen Moral gegenüber der gesellschaftlichen Moral bringt nicht nur Lisa Scheel, sondern auch ihre Teamkollegin McCarthy und Hamilton Naki in gefährliche Situationen. So besucht Lisa Scheel Hamilton Naki in den Townships. Da es bald dunkel wird und es für Weiße dort gefährlich ist, beschließt Naki sie in seinem Auto nach Hause zu fahren. Dies allerdings

---

4 Das Wunder von Kapstadt. Reg. Franziska Buch. 2022.

Merkmale der Moral

ist wiederum ein unstatthaftes Verhalten und sie werden von wütenden Südafrikanern verfolgt, was in der Folge zu einem Autounfall führt.

Der Film illustriert nicht nur, wie individuelle Moral mit einer bestehenden Gesellschaftsordnung in Konflikt gerät, sondern auch, wie gut gemeinte moralische Handlungen unbeabsichtigt Leid verursachen können. Im Film wird ein Zitat von Rudolf Virchow gezeigt, einem bedeutenden Pionier der Medizin. Es lautet: *Zwei Dinge pflegen den Fortschritt der Medizin aufzuhalten: Autoritäten und Systeme.* Wir werden sehen, dass sich dieses Zitat auch auf den moralischen Fortschritt anwenden lässt.

Gehen wir nun den umgekehrten Weg. Inwiefern kann das Böse das Gute hervorbringen? Oben haben wir bereits von der Vorstellung gesprochen, dass Krieg den Fortschritt der Menschheit befördere. Was spricht dafür? Nach Kriegen wird meist nach den Ursachen für den Krieg gesucht. Es werden Lehren aus dem Krieg gezogen. Absolute Wahrheitsansprüche sind eine der Ursachen des Krieges. In der Folge versuchten Staatstheoretiker Religion und Politik zu entkoppeln. Religionsgemeinschaften können ihre Religion innerhalb der Grenzen des staatlichen Gewaltmonopols praktizieren. Der Staat schützt die Religionsgemeinschaften und bindet sie gleichzeitig zurück. Der Staat soll für Frieden und Sicherheit für alle in seinem Staatsgebiet sorgen. Nach dem Zweiten Weltkrieg verabschiedete die UNO die Allgemeine Erklärung der Menschenrechte. Dazu später mehr. Wenn der Mensch aus Katastrophen lernt, kann dies zu Verbesserungen führen.

Der Ukrainekrieg führt dazu, dass die westlichen Staaten bereit sind, Flüchtlinge aufzunehmen. Dabei engagieren sich auch Private ganz persönlich für die Unterbringung von Flüchtlingen. Doch kann man daraus den Schluss ziehen, dass es den Krieg braucht, um das Gute zu befördern? Ich meine nicht. Es wäre auf alle Fälle besser, der Krieg hätte nicht stattgefunden. Offenbar ist die Menschheit in der Lage, aus Katastrophen zu lernen. Sie sollte es nur konsequenter tun. Es wäre an der Zeit, von Menschen verursachte Katastrophen wie Kriege aus der Menschheitsgeschichte zu verbannen.

Fazit: Auch wenn Böses Gutes hervorbringen kann, sollte das Böse bekämpft werden. Und wenn das Gute Böses hervorbringt, stimmt mit dem Guten etwas nicht und muss entsprechend korrigiert werden.

Ist es möglich, das Gut-Böse-Schema beiseitezulassen? Wie könnte das aussehen? Das Verhalten der Menschen ist bestimmt in Hinblick auf Zwecke, die sie erreichen wollen. Putin will die Ukraine in das russische Reich eingliedern. Trump wollte an der Macht bleiben. Corona-Leugner wollen keine Masken tragen und sich nicht impfen lassen. Da sich diese Ziele in den bisherigen Strukturen nicht erreichen lassen, mussten sie zu anderen Mitteln greifen. Putin entschied sich für Krieg. Die Trump-Anhänger für den Sturm aufs Kapitol. Die Corona-Leugner für zivilen Ungehorsam. Bestehende Strukturen und Verfahren werden von diesen Akteuren infrage gestellt. Bei Putin ist es das Völkerrecht. Bei Trump das Wahlverfahren. Bei den Corona-Leugnern die durch die Regierung erlassenen Maßnahmen. Zur Struktur dieser Auseinandersetzungen gehören folgende Elemente:

a. Unterschiedliche Auffassungen über die Realität.
b. Unterschiedliche Auffassungen über die zu erreichenden Ziele.
c. Unterschiedliche Auffassungen darüber, wie sich Menschen zu verhalten haben, um einen bestimmten Zweck oder ein bestimmtes Ziel zu erreichen.
d. Unterschiedliche Auffassungen darüber, wie das Verhalten von Menschen beeinflusst werden kann.

Spielen wir diese Strukturelemente an unseren Beispielen durch.

Beim Ukrainekrieg bestehen zwar möglicherweise unterschiedliche Auffassungen über die Realität. Wenn Putin davon spricht, die Ukraine müsse von den Nazis befreit werden, hat dies mit der Realität nichts zu tun und spielt in der moralischen Diskussion im Westen auch keine Rolle. Bezüglich der Ziele gibt es unterschiedliche Vorstellungen. Um die Zahl der Toten einzudämmen, wäre ein sofortiger Waffenstillstand nötig. Doch die Kapitulation ist für die Ukraine keine Option. Und für Putin gibt es kein Zurück mehr. Im Krieg gilt das Entweder-Oder, Sieg oder Niederlage. Solange die Kriegsparteien keinen Sinn in Friedensverhandlungen sehen, wird der Krieg andauern.

Bei Trump und seiner gestohlenen Wahl spielen ebenfalls unterschiedliche Realitätsauffassungen eine Rolle. Die Trump-Anhänger sind felsenfest davon überzeugt, dass die Wahl gestohlen wurde. Um Trump an der Macht zu halten, stürmten sie gewaltsam das Kapitol. Sie setzen Gewalt an die Stelle demokratischer Wahlverfahren.

Bei der Corona-Krise spielt die Auffassung über die Realität eine wichtige Rolle. Je nach der Einstufung der Gefährlichkeit des Virus, ergeben sich andere Konsequenzen für die Bekämpfung der Pandemie. Auch bezüglich der Zielsetzungen können die Differenzen groß sein, ebenso bezüglich der zu ergreifenden Maßnahmen.

Bei der Klimakrise spielen ebenfalls unterschiedliche Auffassungen über die Realität eine Rolle. Es geht um die Frage, ob das, was die Klimaforscherinnen und -forscher in ihren Berichten darlegen, akzeptiert wird oder nicht. Findet sich hier kein Konsens, ist eine weitere Diskussion wenig sinnvoll. Gleiches gilt für die zu erreichenden Ziele. Besteht über das zu erreichende Ziel keine Einigkeit, ist eine weitere Diskussion wenig sinnvoll. Selbst wenn Einigkeit bezüglich a) und b) bestehen, können Differenzen bezüglich des Weges zum Ziel bestehen, also bezüglich der Punkte c) und d).

Auf jeder der vier Strukturebenen können die Konflikte unüberbrückbar sein. Die Konflikte können in allen sozialen Schichten auftauchen, sei es in der Familie, im Freundeskreis, am Arbeitsplatz, in der Politik. Staat und Politik sind bemüht, soziale Konflikte und gewaltsame Auseinandersetzungen nach Möglichkeit nicht entstehen zu lassen. Moralische Diskussionen können jedoch eine Intensität erreichen, bei der gewaltsame Auseinandersetzungen zu befürchten sind. Dies ruft dann Staat und Politik auf den Plan. Die moralischen Auseinandersetzungen werden auf der politischen Ebene geführt, um eine Entscheidung herbeizuführen.

Im Falle der Klimakrise gibt es das Pariser Klimaabkommen. Im Ukraine Krieg haben die westlichen Staaten Sanktionen beschlossen und sich für die Lieferung von Kriegsmaterial entschieden. In der Corona-Krise haben die Regierungen Maßnahmen getroffen, um die Folgen der Pandemie einzudämmen. Damit sind die moralischen Diskussionen zwar nicht abgeschlossen, sie bilden meist die Basis für neue Moraldiskussionen, aber es wurden Richtungsentscheide gefällt. In der Schweiz wurde gegen das Covid-Gesetz das Referendum ergriffen. Die Stimmbürgerinnen und Stimmbürger hatten die Möglichkeit, über das Gesetz abzustimmen. Das Gesetz wurde mit einem hohen Prozentanteil angenommen. In der Folge verstummte der Protest der Gegner des Gesetzes, die ja davon ausgegangen waren, dass sich die Mehrheit gegen das Gesetz aussprechen würde. Eine bestimmte moralische Auffassung, wie mit der Corona-Krise umzugehen ist, setzte sich durch. Eine Mehrheit sprach sich für das Covid-Gesetz aus. Mit dem Abflauen der Pandemie flauten auch die moralischen Diskussionen wieder ab. Die Realität hat sich geändert und in der Folge änderte sich auch der moralische Diskurs über die Pandemie.

Um die Struktur moralischer Phänomene genauer in den Blick zu bekommen, müssen wir noch tiefer graben. In Bezug auf die Moral herrschen nämlich gegensätzliche Vorstellungen, die wir nun genauer unter die Lupe nehmen. So stellt sich beispielsweise die Frage, ob Moral universal gültig oder relativ ist. Schauen wir uns diese beiden Positionen genauer an.

Moral ist universal gültig

Die universale Gültigkeit der Moral lässt sich auf vielerlei Arten behaupten. Es gibt religiöse, metaphysische, empirische, historische und biologische Versuche. Zum Teil gehen sie ineinander über. Die Motivation ist klar: Moral muss zeitlich und örtlich unabhängig sein. Moral muss auf der ganzen Welt für alle Menschen in gleicher Weise gelten, sonst ist es keine Moral.

Die christlich-religiöse Begründung zum Beispiel rekurriert auf Gott als absolute Instanz. Gottes Gebote sind der Maßstab, an den sich die Menschen zu halten haben. Mit den Lehren von Himmel, Hölle, Fegefeuer und Jüngstem Gericht wurden und werden die Menschen dazu angehalten, sich an diese Gebote zu halten. Die religiöse Elite sorgt auf Erden für die Durchsetzung. Da es verschiedene Religionen gibt, stehen diese in Bezug auf ihren Allgemeingültigkeits- und Wahrheitsanspruch im Wettbewerb zueinander. Damit wird die Behauptung einer universal gültigen Moral brüchig.

Vor diesem Hintergrund hat der Theologe Hans Küng mit seinem Projekt Weltethos versucht, jene grundlegenden Werte und Normen zu bestimmen, die allen Weltreligionen und philosophisch-humanistischen Ansätzen gemeinsam sind. Dazu gehört beispielsweise die Goldene Regel, alle Menschen so zu behandeln, wie man selbst behandelt werden möchte. Menschlichkeit ist ein weiterer Wert, der sich in allen Moralvorstellungen findet. Hans Küng vollzieht damit einen Wechsel von der theologischen Begründung zu einer empirischen Bestandsaufnahme. Ebenfalls mit dem Ziel, eine universal gültige Moral für die ganze Menschheit zu finden.

Eine metaphysische Begründung liefert Platon. Metaphysik versucht die Frage nach der Existenz und dem Wesen von sinnlich nicht wahrnehmbarer, ja sogar übermenschlicher Wirklichkeit zu beantworten. Platon unterscheidet eine sinnlich wahrnehmbare und eine geistig wahrnehmbare Welt. Die geistig wahrnehmbare Welt hat für ihn eine höhere Seinsqualität als die sinnlich wahrnehmbare Welt. So wie wir Dinge mit unseren Augen nur dank der Sonne wahrnehmen können, können wir geistige Dinge mit unserer Vernunft nur dank der Idee des Guten erkennen. Die Erkenntnis dieser Idee des Guten ist für Platon die Grundlage für ein moralisches Leben.

Auch Immanuel Kant hat den Versuch unternommen, Moral universal gültig auszuweisen. Die Grundsätze der Moral müssen nach Kant im guten

Merkmale der Moral

Willen gesucht werden, der allein als Wesen des Guten gelten kann. Der gute Wille folgt ausschließlich dem kategorischen Imperativ:

«Handle nur nach derjenigen Maxime, durch die du zugleich wollen kannst, dass sie ein allgemeines Gesetz werde.» [5]

Kant formuliert eine von subjektiven oder kulturellen Bedingungen bereinigte Moral. Er geht von der absoluten Würde der Person aus. Der Mensch existiert als Zweck an sich selbst. Kant weist alle gefühlsbedingte Moral zugunsten eines strengen Pflichtbegriffs zurück. Entscheidend für Kant ist nicht das, was ein Mensch tut, sondern mit welcher Gesinnung es ein Mensch tut. Das Gute ist das Geforderte.

Im Anschluss, aber auch in Abgrenzung zu Immanuel Kant versucht Max Scheler zu zeigen, dass es gültige Werte gibt, die das menschliche Verhalten zu leiten imstande sind. Diese Werte stehen bei ihm in einer festen Rangordnung. So ist beispielsweise die Nächstenliebe höher zu bewerten als die Forderung nach Gerechtigkeit. Scheler wendet sich gegen die rationalistische Begründung der Ethik bei Kant. Er rekurriert auf ein Wertfühlen, das auf emotionalen Fundamenten ruht. Kants kategorischer Imperativ sei rein formal. Der kategorische Imperativ sei inhaltlich leer und tauge nicht, um in einer moralischen Situation herauszufinden, was zu tun sei. Der ganze Kosmos des Sittlichen gerate so aus dem Blick. Scheler geht von einer objektiven Seinsgültigkeit unseres Werterfassens aus. Es handelt sich um einen strengen ethischen Absolutismus und Objektivismus.

Eine weitere Argumentation, die universale Gültigkeit von Moral zu begründen, geht folgendermaßen: So wie es in den Naturwissenschaften Gesetze gibt, die universal gelten, so gibt es auch moralische Gesetze. Diese Gesetze gelten unabhängig davon, ob sich eine Kultur daran hält oder nicht. Was wahr ist, gilt unabhängig von Zeit und Kultur. So wie wir heute nicht mehr davon ausgehen, dass die Sonne um die Erde kreist, gehen wir nicht mehr davon aus, dass Hexenverbrennungen moralisch geboten sind. So wie die Entdeckung der Gesetze in den Naturwissenschaften Zeit brauchten, um entdeckt zu werden, so braucht auch die Entdeckung moralischer Gesetze Zeit. Die Gesetze der Moral zeigen sich im Laufe der Zeit. Das würde auch bedeuten, dass Praktiken, die wir heute als moralisch ansehen in einer nahen oder fernen Zukunft als unmoralisch erkannt werden. Bei dieser Argumentation scheint mir die Rede von Gesetzen allerdings problematisch. Es ist vielmehr so, dass im Laufe der Menschheitsgeschich-

---

[5] Immanuel Kant: Metaphysik der Sitten. AA IV, 421.

te bestimmte moralische Auffassungen eine breite Zustimmung erfahren haben.

In diesem Sinne lässt sich auch die Allgemeine Erklärung der Menschenrechte lesen, die die Vereinten Nationen am 10. Dezember 1948 verabschiedet haben. Die Erklärung beschreibt ein von allen Völkern und Nationen zu erreichendes Ideal. Die Generalversammlung ruft dazu auf, dass sich jeder einzelne und alle Organe der Gesellschaft diese Erklärung stets gegenwärtig halten sollten. Die Achtung vor diesen Rechten und Freiheiten soll durch Unterricht und Erziehung gefördert werden. Allerdings haben die Vereinten Nationen keine Möglichkeit, dieses Ideal durchzusetzen. Dies liegt in der Verantwortung der einzelnen Staaten. Wie wir wissen, steht es mit der Durchsetzung der Menschenrechte nicht zum Besten. Immerhin hat es die Staatengemeinschaft geschafft, eine solche Erklärung zu formulieren, die eine universale Gültigkeit beansprucht. Der Weg dorthin war allerdings steinig und dass es diese Erklärung gibt, grenzt schon fast an ein Wunder. Christian Staas hat in einem Artikel der „Zeit" vom 15. Dezember 2022 die Geschichte der Entstehung nachgezeichnet. Zwei Jahre dauerte die Arbeit an der Erklärung der Menschenrechte. Es ist wesentlich Eleanor Roosevelts Verdienst, der früheren First Lady der USA, der Erklärung der Menschenrechte zum Durchbruch verholfen zu haben. Christian Staas schreibt, dass „Roosevelt und ihre Mitstreiter versuchen, der Geschichte ins Getriebe zu greifen, um ihr eine neue Richtung zu geben." Die Hürden waren allerdings hoch. Denn es beginnt die Ära des Kalten Krieges zwischen den USA und der Sowjetunion. Die Kommission, die Roosevelt leitet, besteht aus 18 Mitgliedern, darunter je ein Vertreter aus den USA, der Sowjetunion, Großbritannien, Frankreich und China. Der Vertreter des Libanon und Philosophieprofessor Charles Habib Malik stellte in der Runde die Frage „Was ist der Mensch?" Christian Staas dazu:

Er hätte auch eine Bombe zünden können. Für die westlich geprägten Köpfe ist der Mensch ein Individuum mit Freiheitsrechten. Für die kommunistischen Delegierten existiert er nur als Teil des Kollektivs. In Asien hat man ein anderes Menschenbild als in Europa, in religiösen Gesellschaften ein anderes als in säkularen.[6]

Die Mitglieder brachten das Kunststück fertig, all diese unterschiedlichen Tendenzen unter einen Hut zu bringen.

---

6 Christian Staas: Sie bauten ein Haus, das schwebt. Die „Zeit" vom 12. Dezember 2022.

Merkmale der Moral

Allein die Diskussion über Artikel 1 soll fast eine Woche gedauert haben. Er lautet: *Alle Menschen sind frei und gleich an Würde und Rechten geboren. Sie sind mit Vernunft und Gewissen begabt und sollen einander im Geiste der Brüderlichkeit begegnen.* Der Artikel musste so formuliert werden, dass er für die unterschiedlichen theoretischen und religiösen Hintergründe genügend Interpretationsspielraum offenlässt. Es prallten christliche, jüdische, konfuzianische und aufklärerische Ideen und Traditionen aufeinander. Bei anderen Artikeln waren unterschiedliche politische Interessen auszutarieren. Diskutiert wurde auch darüber, ob es bloß eine Deklaration oder eine Konvention sein soll. Eine Konvention ist rechtlich bindend, eine Deklaration nicht. Doch die Menschheit war für diesen großen Schritt noch nicht bereit. Es blieb bei der Deklaration. 48 von damals 58 UN-Staaten nahmen sie an. Malik erklärte der UN-Versammlung, dass die Menschenrechtserklärung es jedem Menschen ermögliche, seine Regierung mit der moralischen Unterstützung der ganzen Welt zur Verantwortung zu ziehen. Trotz aller Kritik, die in der Folge über die Deklaration hereinprasselte, ist sie ein Meilenstein bei dem Versuch, moralische Grundsätze für die ganze Menschheit zu formulieren. Nicht umsonst bezeichnet die „Zeit" die Allgemeine Erklärung der Menschheit als Sternstunde der Menschheit. Sie ist ein Werk, an dem Hunderte mitarbeiteten. Es ist dem diplomatischen Geschick der Mitglieder zu verdanken, dass wir über dieses Dokument verfügen.

Ausgehend von der Würde des Menschen werden politische und soziale Rechte formuliert. So unter anderem die Gleichheit vor dem Gesetz, die Meinungs- und Religionsfreiheit, das Recht auf Leben und soziale Sicherheit, das Recht auf Nahrung, Gesundheit, Bildung und Arbeit. Verboten werden Sklaverei, Folter und Diskriminierung aufgrund des Geschlechts, der Rasse und Religion. Aus heutiger Sicht müsste für „Brüderlichkeit" eine andere Formulierung gefunden werden.

Ein weiterer Versuch Moral objektiv zu verstehen, ist jener, der auf evolutionsbiologischen Grundlagen basiert.[7] Wie neuere Forschungen zeigen, beruht unsere Moral auf unseren Emotionen. Angst und Ekel sind beispielsweise solche Emotionen, die einen moralischen Aspekt beinhalten. Nehmen wir die Welt als bedrohlich war, reagieren wir ängstlicher und wollen uns vor der Welt schützen. Schauen wir neugierig in die Welt, sind wir von ihr fasziniert und wollen die Welt entdecken. Ekel bewahrt uns davor, verdorbene Lebensmittel zu essen. Wir können uns aber auch

---
7 Ich folge hier Philipp Hübl: Die aufgeregte Gesellschaft. München 2019.

vor anderen Menschen ekeln, die nicht unseren Hygienevorstellungen entsprechen. Das wiederum kann im Extremfall dazu führen, dass diese Menschengruppen als Ungeziefer bezeichnet werden, das es zu bekämpfen gilt.

Ausgehend von der Unterscheidung, ob wir die Welt als bedrohlich wahrnehmen oder ihr neugierig gegenüberstehen, lassen sich unterschiedliche moralische Prinzipien zuordnen. Wer die Welt als bedrohlich wahrnimmt, orientiert sich an Werten wie Autorität, Loyalität und Reinheit. Wer der Welt neugierig gegenübersteht, orientiert sich an Werten wie Fürsorge, Fairness und Freiheit. Über diese Zuordnungen lässt sich diskutieren. Für unseren Zusammenhang ist die Frage der Universalisierbarkeit von Moral von Belang. Unterzieht man die Prinzipien dem kategorischen Imperativ von Kant, so zeigen sich Unterschiede in der Universalisierbarkeit. Die Prinzipien Fürsorge, Fairness und Freiheit lassen sich für alle Menschen fordern. Das Prinzip Autorität geht von einer Hierarchie aus. Einige sind höhergestellt als andere. Das Prinzip Loyalität grenzt die eigene Gruppe von anderen ab. Es führt zur Höherbewertung der eigenen und zur Abwertung anderer Gruppen. Als Kandidaten für eine universal gültige Moral kämen somit nur die Prinzipien Fürsorge, Fairness und Freiheit infrage.

Die Evolutionsbiologie hat auch weitere Erkenntnisse zu Tage gefördert, die sich universalistisch interpretieren lassen. So sind Versuche, das Verhalten von Affen rein aus Eigennutz zu erklären, nicht ausreichend. Auch die Erklärung, dass die Affen im Interesse der Gruppe agieren, reicht offenbar nicht aus. Affen können sich auch altruistisch verhalten. Frans de Waal konnte zeigen, dass Affen empört reagieren, wenn sie unfair behandelt werden. Zwei Kapuzineraffen bekamen jeweils eine Belohnung in Form von Gurkenscheiben, wenn sie die in das Käfig geworfenen Spielmarken zurückgaben. Die Affen konnten sich gegenseitig sehen. In einer zweiten Phase bekam der eine Affe anstatt Gurken Weintrauben. Es dauerte nicht lange und der benachteiligte Affe weigerte sich, weiter mitzuspielen. Er fing an zu kreischen und warf die Spielmarken aus dem Käfig. Die Forscher schließen daraus, dass Affen einen elementaren Sinn für Unfairness besitzen.[8] Es ist dies ein Indiz dafür, dass dieser Sinn für Unfairness auch für uns Menschen ein evolutionäres Erbe darstellt. Wir kennen ja alle den Spruch: Die Welt ist ungerecht! Wann verwenden wir diesen Satz? Meist dann, wenn wir versuchen in einem konkreten Fall Gerechtigkeit herzustel-

---

8 Richard David Precht: Die Kunst kein Egoist zu sein. München 2010. S. 105 f.

len und feststellen müssen, wie schwierig das ist. Gleichzeitig möchten wir jedoch daran glauben, dass es in der Welt gerecht zu und her geht. Wird in einem Krimi der Täter nicht gefasst, lässt uns das mit einem ungen Gefühl zurück. Unser Gerechtigkeitsempfinden ist tangiert. Da es in der Welt jedoch häufig ungerecht zu und her geht und wir nicht das Gefühl haben, dass der Gerechtigkeit Genüge getan wird, ist es verständlich, dass Erzählungen über ein Jüngstes Gericht unserem Gerechtigkeitsbedürfnis entgegenkommen. Es ist die Hoffnung auf eine gerechte Endabrechnung. Dies setzt allerdings den Glauben an einen gerechten Gott voraus, der die Menschen am Ende der Zeiten richten wird. Auch hier gehen die religiösen Vorstellungen über das Leben nach dem Tod auseinander. Im Buddhismus gibt es die Lehre vom guten und vom schlechten Karma und die Lehre von der Wiedergeburt. Dahinter steckt die Idee, dass die Welt eigentlich gerecht eingerichtet ist. Schlechte Taten schaden dem Täter, wenn nicht in diesem Leben, dann im nächsten Leben. Im Film „Und täglich grüßt das Murmeltier"[9] wird diese Gerechtigkeitsvorstellung detailreich durchgespielt. Der Protagonist erlebt immer wieder den gleichen Tag. Er probiert alles Mögliche aus, um aus der Zeitschleife herauszukommen. Doch er muss zuerst von seinem Zynismus geheilt werden. Das dauert zwar ziemlich lange, doch irgendwann reift in ihm die Erkenntnis, dass es besser ist, sich für das Wohl seiner Mitmenschen einzusetzen. Nachdem er sich zum guten Menschen entwickelt hat, wird er aus der Zeitschleife entlassen.

Neben dem Sinn für Unfairness gibt es noch weitere Kandidaten, denen eine natürliche Basis unterstellt wird. Dazu zählen Mitgefühl, Kooperation, Freiheit, Heiligkeit und Respekt vor Kompetenz. Diese Werte wird man in der einen oder anderen Form in allen Kulturen finden.

Dass wir Menschen zu Mitgefühl und zur Kooperation fähig sind, bedarf keiner weiteren Erläuterung. Das bedeutet leider nicht, dass sich alle durch Mitgefühl und Kooperation auszeichnen. Insbesondere bei Diktatoren und einigen Staatsführern reicht das Mitgefühl oft nicht sehr weit. Sie kümmern sich primär um ihre eigenen Belange, statt um jene ihrer Bevölkerung. Institutionell ist es nach wie vor schwierig, Staaten so zu organisieren, dass jene an die Macht kommen, die sich für das Wohl der Regierten einsetzen.

Freiheit ist zunächst Freiheit von Zwang. Der Drang nach Freiheit entspringt aus einer Situation, in der ich mich gefangen erlebe. Mein Handlungsspielraum ist durch äußere Zwänge begrenzt. Autoritäre Strukturen hindern die Menschen an ihrer freien Entfaltung. Eine freiheitliche Gesell-

---

9 Und täglich grüßt das Murmeltier. Reg. Harold Ramis. 1993.

schaft zeichnet sich durch ein hohes Maß an Vielfalt aus. Die Vielfalt wiederum setzt voraus, dass die Mitglieder diese Vielfalt als Bereicherung und nicht als Bedrohung wahrnehmen. Sich aus Zwängen befreien zu können, ist das eine. Sich in einer befreiten Situation zurechtzufinden, das andere. Freiheit hat deshalb auch etwas Beängstigendes. Sie kann überfordern. Moral kann sowohl Freiheit einschränken als auch Freiheit ermöglichen. Moral kann rigide sein. Nicht immer ist sich ein Individuum oder eine ganze Gesellschaft der Unfreiheit bewusst. Unfreiheit muss als solche erst erkannt werden, um sich aus ihr befreien zu können. Nur wer sich als unfrei erkennt, wird versuchen, sich zu befreien. Meist geht dies einher mit einem Kampf gegen Machtstrukturen. Machtkomplexe geben ihre Macht selten freiwillig ab. Sich aus Unfreiheit zu befreien, setzt sowohl Mut als auch Hartnäckigkeit voraus. Manch einer zieht deshalb die Unfreiheit der Freiheit vor. Freiheit hat somit nicht nur eine natürliche Basis.

Auch was die Heiligkeit betrifft, sehe ich die natürliche Basis nicht wirklich. Was heilig ist und was nicht, ist religiös und kulturell geformt. Deshalb existieren unterschiedliche Vorstellungen darüber, was unter heilig zu verstehen ist.

Da wäre dann noch der Respekt vor Kompetenz. Um überleben zu können, ist es von Vorteil über Wissen zu verfügen, das mich vor Gefahren schützt. Wissen ist deshalb dem Unwissen vorzuziehen. Je mehr ich über die Welt weiß, in der ich lebe, desto sicherer kann ich mich in dieser Welt bewegen. Die systematische Produktion von Wissen durch die Wissenschaften ist deshalb eine wesentliche Errungenschaft unserer Zivilisation. Die Skepsis gegenüber der Wissenschaft hat allerdings in der Corona-Pandemie zugenommen.

Wie steht es somit um die universale Gültigkeit der Moral? Es lassen sich begründete Zweifel anbringen. Die religiöse Begründung lässt sich angesichts der vielfältigen Formen von Religion nicht universalisieren. Das Gleiche gilt auch für die metaphysischen Versuche, Moral zu begründen. Sie setzen voraus, dass wir die Metaphysik teilen. Die Mehrzahl der Philosophinnen und Philosophen geht inzwischen davon aus, dass wir in einer nachmetaphysischen Zeit leben, sich Metaphysik also nicht mehr legitimieren lässt. Auf dieser Basis wird eine universale Gültigkeit von Moral brüchig.

Gut vertreten lässt sich aus meiner Sicht die Idee, dass sich im Laufe der Menschheitsgeschichte nach und nach gewisse Moralbestände herauskristallisieren. Nicht in dem Sinne, dass sich diese Moral unabhängig von der geschichtlichen Erfahrung erkennen ließe, sondern in dem Sinne, dass sich aus der geschichtlichen Erfahrung der Menschheit gewisse Moralbestände als allgemein gültig etablieren. Dazu gehört die Allgemeine Erklärung der Menschenrechte.

Mitnehmen können wir auch das allgemeine Bedürfnis nach Gerechtigkeit und Fairness. Es gibt zwar immer Menschen, die sich grausam, unfair und ungerecht verhalten. Gleichwohl würde ich unterstellen, dass die Mehrheit der Menschen ein Leben in Freiheit, Sicherheit und Gerechtigkeit einem Leben in Unfreiheit, Krieg und Grausamkeit vorzieht.

Moral ist relativ

Betrachten wir nun die Argumente, die dafür plädieren, Moral als relativ zu betrachten. Sowohl geschichtlich wie auch geografisch sind wir mit unterschiedlichen Moralvorstellungen konfrontiert. Jede Epoche, jede Nation, jede Gesellschaft lebt eine bestimmte Moral, eine bestimmte Art des Umgangs miteinander. Diese Art des Umgangs wird von Generation zu Generation weitergegeben und an die jeweiligen Umstände adaptiert. Unterschiedliche Tugendvorstellungen prägen die Moral. In der Antike war es der tapfere Held, im Mittelalter der demütige Christ, in der Neuzeit der autonome Humanist.

Fast alle Bereiche des Lebens sind heutzutage moralisch durchdrungen. Nehmen Sie zum Beispiel die Arbeitsmoral. Wenn Sie Ihre Arbeitskraft einem Unternehmen zur Verfügung stellen, müssen Sie sich den Regeln des Unternehmens anpassen. Ansonsten müssen Sie mit Sanktionen rechnen. In jedem Unternehmen herrscht eine bestimmte Arbeitsmoral, der Sie sich nur schwer entziehen können, ohne sich sozial ins Abseits zu manövrieren. War es früher noch gang und gäbe, mit Arbeitskolleginnen und Arbeitskollegen ein ausgedehntes Mittagessen zu genießen, sogar mit einem Glas Wein, gibt man sich heute meist mit einem Sandwich zufrieden. In den Restaurants und Büros wurde früher noch geraucht. Es war völlig normal. Tempi passati. Ernährung ist inzwischen zu einer hochmoralischen Zone geworden. Wer Fleisch isst, trägt nicht zu einer Reduktion des CO_2-Ausstoßes bei. Und was die Fleischproduktion betrifft, so kennen wir alle die Bilder von Massentierhaltungen unter erbärmlichen Bedingungen. Wir verdrängen sie jedoch gerne.

Nehmen wir die Sexualmoral. Auch hier hat sich in den letzten Jahrzehnten einiges verändert. Vor noch nicht allzu langer Zeit war es gar nicht schicklich, unverheiratet zusammen zu leben. Von Konkubinat und wilder Ehe war die Rede. Homosexualität war verboten. Sie ist es in vielen Ländern immer noch. Neuerdings weitet sich das Spektrum sexueller Orientierungen immer mehr aus. Dafür steht die Abkürzung LGBTQIA+. Sie steht für lesbian, gay, bisexual, transgender, queer, intersex, asexual. Und das Plus steht für alle jene Orientierungen, für die es noch keine etablierten Bezeichnungen gibt.

Auch geografisch sind wir mit unterschiedlichen Moralvorstellungen konfrontiert. Stellen Sie sich Länder wie Indien, China, Saudi-Arabien oder einen Kontinent wie Afrika vor. Ganz unterschiedliche Lebensweisen, unterschiedliche moralische Vorstellungen und Verhalten. Was in einem Land moralisch richtig ist, muss es nicht in einem anderen Land sein. Und was für Länder gilt, lässt sich auch auf Individuen anwenden. Jeder von uns hat seine eigenen moralischen Vorstellungen und Maßstäbe. Moral ist etwas von Menschen Gemachtes und deshalb relativ. Moral unterscheidet sich von Ort zu Ort und von Zeit zu Zeit, von Gruppe zu Gruppe, von Individuum zu Individuum.

Im Zusammenhang mit dem Ukrainekrieg wird häufig vom Westen gesprochen, der in diesem Krieg seine Werte verteidigen muss. Der Westen hält dabei Werte wie Individualismus, Demokratie, Rechtsstaatlichkeit und Menschenrechte hoch. Die simbabwische Schriftstellerin Tsitsi Dangarembga äußert sich kritisch zur Haltung des Westens.[10] Ihre Romantrilogie handelt von der Simbabwerin Tambudzai, die versucht, ein guter Mensch zu sein. In Simbabwe bedeutet das, nach den Prinzipien von Unhu zu leben. Unhu betont Empathie und Fürsorglichkeit. Das eigene Wohl hängt davon ab, wie es dem anderen geht. Ubuntu, wie diese Verhaltensweise auch heißt, war in vielen afrikanischen Ländern gelebte Moral, wurde aber durch Kolonialismus und Kapitalismus verdrängt. Ubuntu betont das Leben in einem vielschichtigen Netzwerk:

Zu deiner jüngeren Schwester ist deine Beziehung geprägt durch Verantwortung, zu deiner älteren Schwester durch Respekt, zu deinen Eltern durch Gehorsam. Du sagst deiner Mutter nicht, wenn dir etwas nicht passt. Es gibt andere Leute in deinem Beziehungsnetz, zu denen du gehen darfst, um deine Enttäuschung über sie auszudrücken. Eine Person wird später mit deinem Anliegen an deine Mutter herantreten. So verhindert Ubuntu direkt Konflikte zwischen den Menschen.

---

10 „Die westliche Gesellschaft ist der Ansicht, sie sei die einzige Spezies, die denkt." Ein Gespräch mit der Schriftstellerin Tsitsi Dangarembga. Von Barbara Achermann. Das Magazin vom 21. Januar 2023. S. 24 ff.

Merkmale der Moral

Da die Gemeinschaft viel stärker im Zentrum steht als das Individuum, spielt auch die Scham eine größere Rolle. Scham betrifft nicht nur das Individuum, sondern auch die ganze Gruppe.

Ebenfalls einen kritischen Blick auf den Westen wirft der Anthropologe Joseph Henrich.[11] Das westliche Konzept des Individualismus ist für ihn eine seltsame Erscheinung. In vielen Ländern spielt das kulturelle Milieu oder die familiäre Abstammung die entscheidende Rolle. Henrich erklärt die Entwicklung zum Individualismus mit dem Verbot der Kirche, Cousinen und Cousins zu heiraten. Dadurch wurden die Menschen gezwungen, außerhalb ihres Familienkreises zu heiraten. Dies begründet für ihn die westliche Abneigung gegen Vetternwirtschaft. In anderen Kulturen ist es moralisch geboten, seine Verwandten in gute Positionen zu bringen.

Aus diesen unterschiedlichen Moralauffassungen lassen sich unterschiedliche Schlussfolgerungen ziehen. In jeder Kultur oder Gesellschaft gibt es eine gelebte Moral. Diese Moralvorstellungen lassen sich untersuchen, es lassen sich Gemeinsamkeiten und Unterschiede feststellen. Eine Möglichkeit besteht zum Beispiel darin, sich die Frage zu stellen, welche moralischen Grundsätze und Normen sich in allen Kulturen finden lassen, wie das Hans Küng mit seinem Projekt Weltethos versucht hat.

Eine andere Schlussfolgerung besteht darin, dass es eigentlich keinen Unterschied zwischen Moral und Unmoral gibt. Gibt es keinen absoluten Maßstab, so ist alles erlaubt. Dies ist die Konsequenz, die Dostojewski einen seiner Protagonisten in seinem Roman „Die Brüder Karamasov" sagen lässt: Wenn Gott tot ist, ist alles erlaubt.

Macht sich ein Individuum diese Sichtweise zu eigen, braucht es sich nicht an moralische Vorgaben zu halten, kann sich also so verhalten, wie wir es gemeinhin als böse bezeichnen. Ich kann tun und lassen, was ich will. Ich kann andere Menschen beliebig für meine Zwecke einspannen und sie entsprechend manipulieren. Ich kann andere Leute betrügen, bestehlen, ausrauben und wenn nötig sogar umbringen. Dabei muss ich darauf achten, mich nicht erwischen zu lassen. Es ist dabei von Vorteil, nach außen hin den Schein von moralischer Integrität zu bewahren. Platon hat es auf folgende Formel gebracht: Die höchste Stufe der Ungerechtigkeit besteht darin, ungerecht zu sein, aber gerecht zu scheinen.

---

11 „Wir im Westen sind die Seltsamen" Interview mit Joseph Henrich. Tages-Anzeiger, 26. Januar 2023. S. 29.

Gegen den Satz „Wenn Gott tot ist, ist alles erlaubt" hat Ludwig Feuerbach folgenden Einwand vorgebracht:

Der Atheismus galt und gilt noch jetzt für die Verneinung aller Moralprinzipien, aller sittlichen Gründe und Bande: wenn Gott nicht ist, so hebt sich aller Unterschied zwischen Gut und Böse, Tugend und Laster auf. Der Unterschied liegt also nur an der Existenz Gottes, die Wahrheit der Tugend nicht in ihr selbst, sondern außer ihr. Allerdings wird also an die Existenz Gottes die Existenz der Tugend angeknüpft, aber nicht aus tugendhafter Gesinnung, nicht aus Überzeugung von dem inneren Wert und Gehalt der Tugend. Im Gegenteil, der Glaube an Gott, als die notwendige Bedingung der Tugend, ist der Glaube an die Nichtigkeit der Tugend für sich selbst.[12]

Der Mensch braucht eine strafende Instanz, um sich moralisch zu verhalten. Wenn Gott als diese Instanz wegfällt, kann ich tun und lassen, was ich will. Das stimmt natürlich so nicht. An die Stelle Gottes treten andere Instanzen: die Gesellschaft, das Gesetz und die staatliche Macht. Die Angst vor Bestrafung reguliert und kanalisiert das Verhalten der Menschen. Das ist laut Feuerbach allerdings eine sehr reduzierte Moral. Die wahre Moral orientiert sich an der Tugendhaftigkeit und pflegt die Tugenden um ihrer selbst willen, nicht aus Angst vor Strafe oder Sanktionen. Gleichwohl relativiert sich die Moral, da eine absolute Instanz verloren gegangen ist.

Aus der Relativität der Moral ziehen einige auch den Schluss, dass all die verschiedenen Moralvorstellungen gleich gültig sind. Es kann nicht entschieden werden, welche Moral einer anderen Moral vorzuziehen ist. Das geht dann so weit, dass wir kein Recht hätten, Genitalverstümmelungen, wie sie in einigen Ländern an Frauen praktiziert werden, zu kritisieren. Schließlich gehöre das zum Moralbestand und zur Tradition dieses Landes.

Ich nehme an, Sie gehen mit mir einig, dass wir diese Schlussfolgerungen nicht ziehen wollen. Wir brauchen einen Maßstab zur Bewertung von Moralvorstellungen. Fehlt es an einem solchen Maßstab, fehlt auch ein Kriterium für moralischen Fortschritt. Wir können nur von moralischem Fortschritt sprechen, wenn wir einen Maßstab haben, woran wir diesen Fortschritt messen. Dieser Maßstab mag zwar auch relativ sein, aber um diesen Maßstab dreht sich die Diskussion um Moral.

Wir verurteilen heute Sklaverei und Hexenverbrennungen und erachten dies als moralischen Fortschritt. Die Würde des Menschen verträgt sich

---

12 Ludwig Feuerbach: Das Wesen des Christentums. Kapitel 21.

Merkmale der Moral

nicht mit Sklaverei und wir haben aufgehört, an Hexen zu glauben, die uns schaden wollen.

Ich ziehe somit das gleiche Fazit, das ich im vorhergehenden Kapitel gezogen habe: Moral ist de facto relativ, wie uns sowohl eine geschichtliche als auch eine geografische Betrachtung zeigen. Die Geschichte zeigt uns aber auch, dass wir uns von bestimmten Verhaltensweisen verabschiedet haben, weil wir sie in unseren Moralbestand aufgenommen haben, wie z.B. das Verbot der Sklaverei. Wir können uns also über das, was wir gemeinhin als Unmoral bezeichnen, verständigen. Einiges davon ist unbestritten, anderes befindet sich in der Diskussion.

Der Streit um die Moral dreht sich somit um die Frage, was wir in den Moralbestand aufnehmen und was nicht. Und wir streiten deshalb über die Moral, weil sie unverhandelbar ist.

Moral ist unverhandelbar

Ein Grund, weshalb es in moralischen Fragen zum Streit kommt, besteht darin, dass Moral als unverhandelbar erachtet wird. Moral gilt nicht nur für mich, sondern auch für alle anderen. Es gelten in einer Gesellschaft bestimmte Werte und Grundsätze, an die sich alle zu halten haben. Es geht um die Annahme einer gemeinsam geteilten Moral. Und hier beginnen die Probleme. Was für mich unverhandelbar ist, muss es nicht auch für die anderen sein. Basis für einen Streit. Hinzu kommt, dass ich meine Moral als Teil meiner Identität betrachte. Meine Moral ist Teil meines Charakters, meiner Persönlichkeit. Sie ist wesentlicher Bestandteil davon, wer ich sein möchte oder zu sein glaube. Wagt es jemand, dies zu kritisieren oder infrage zu stellen, werte ich das als Angriff auf meine Identität und wehre mich entsprechend. Oder ich gehe zum Gegenangriff über und stelle die Moral meines Gegenübers infrage. Wie kann man so unmoralisch denken und handeln? Jeder möchte den anderen von der Richtigkeit seiner Moral überzeugen. Da beide jedoch an der Unverhandelbarkeit ihrer Moral festhalten, kann es zu keiner Einigung kommen. Verschärft wird das Ganze dadurch, wenn ich den anderen, der meine unverhandelbaren Moralvorstellungen nicht teilt, als böse einstufe. Dann ist eine Verständigung nicht mehr möglich. Damit eine Verständigung möglich ist, müsste die Unverhandelbarkeit zur Sprache kommen. Die Diskussion würde sich dann darum drehen, weshalb ich diese Moralbestände als unverhandelbar erachte.

Moral ist verhandelbar

Wie wir im Kapitel über die Relativität der Moral gesehen haben, verändert sich Moral im Laufe der Zeit. Es finden Diskussionen über die Moral statt. Ursprünglich unverhandelbare Positionen werden der Kritik unterzogen oder in Frage gestellt. Am Beispiel der Homosexualität ist ersichtlich, dass sich in der Gesellschaft ein Wandel in der Einschätzung vollzogen hat. Für bestimmte Gruppierungen oder Gesellschaften ist Homosexualität nach wie vor ein Gräuel und steht unter Strafe. In vielen Ländern hat sich diese Haltung geändert. Auch rechtlich wurde homosexuellen Paaren die Heirat ermöglicht. Ein Grund für diesen Wandel besteht darin, dass die sexuelle Orientierung als Privatsache angesehen wird. Bei der Arbeitsmoral hat sich der Wandel eher schleichend vollzogen. Der Druck auf die Arbeitnehmer hat sich erhöht mit den bekannten Auswirkungen wie z.B. Burn-Out. Im Falle der Abschaffung der Sklaverei in den USA musste der Streit sogar durch einen Bürgerkrieg entschieden werden.

In der Moral gibt es sowohl die Bewegung von unverhandelbar zu verhandelbar als auch von verhandelbar zu unverhandelbar. Die Ablehnung der Sklaverei erachten wir heute als unverhandelbaren Bestand der Moral. Homosexualität hat sich als verhandelbarer Bestand der Moral erwiesen. Manchmal brauchen wir mehr Moral und manchmal weniger.

Moral ist mächtig

Ist eine Moral in einer Gesellschaft etabliert, ist sie auch entsprechend mächtig. Wir alle wachsen in einem moralischen Umfeld auf, das uns zur zweiten Natur wird. Familie, Schule und das gesellschaftliche Umfeld formen und prägen unsere Moral. Da die in diesen Institutionen gelebte Praxis als normal und gleichsam gegeben angesehen wird, wird sie nicht hinterfragt oder kritisiert. Die herrschende Moral hat auch kein Interesse daran, kritisiert oder hinterfragt zu werden. Doch die sogenannte Normalität wird von kritischen Geistern immer wieder zur Debatte gestellt. Sobald sich das zu einer größeren Bewegung formiert, bekommt die bisherige Moral Risse.

Zwischen Individuum und Gesellschaft kommt es dann zum moralischen Konflikt. Das Individuum hält sich nicht an die allgemein anerkannte und gelebte Moral und muss mit Sanktionen rechnen. Die herrschende Moral setzt alles daran, dass diese nicht unterminiert wird. Sind die indi-

Merkmale der Moral

viduellen Vorstellungen von Moral höher oder anders als die allgemein gelebte, leidet das Individuum an der Gesellschaft. Das ist die Krux mit der Moral aus Sicht des Individuums.

Moral ist auch dann mächtig, wenn die Empörung breite Teile der Bevölkerung erfasst und sich in Demonstrationen Aufmerksamkeit verschaffen kann oder in konkrete Handlungen mündet. So geschehen, als Aktivistinnen und Aktivisten von Greenpeace den schwimmenden Öltank Brent Spar besetzten, um gegen die Versenkung der Plattform zu protestieren. Die Aktion erregte derart öffentliches Aufsehen, dass Kundinnen und Kunden nicht mehr bei Shell tankten und die Umsätze entsprechend zurückgingen. Der Öltank wurde dann an Land gezogen und rezykliert. Die Geschichte zeigt allerdings auch, dass es Greenpeace mit den Fakten nicht so genau nahm. Wissenschaftler wiesen darauf hin, dass die Versenkung der Plattform für die Mikroorganismen auf dem Meeresboden sogar vorteilhaft gewesen wäre.

Ein weiteres Beispiel für die Macht, die Moral entfalten kann, sind die Demonstrationen gegen den Vietnamkrieg in den späten 60er und frühen 70er Jahren. Sie fanden nicht nur in den USA, sondern auch in anderen Ländern statt. Erst im Jahre 1973 kam es dann zum Waffenstillstand.

Moral ist machtlos

Moral ist dort machtlos, wo sie keine gesellschaftliche Wirkung erzielt. Meine Privatmoral mag zwar in meinem unmittelbaren Umfeld eine gewisse Wirkung oder zumindest einen gewissen Eindruck erzielen. Die Wirkung auf die Gesellschaft ist gleich Null. Gleiches gilt für Gruppen, die eine bestimmte Moral pflegen. Diese können in ihrem Umfeld eine gewisse Wirkung erzielen, sind jedoch bezogen auf die gesellschaftliche Entwicklung ohne bedeutsamen Einfluss. Selbst die neuen Protestformen wie Fridays for Future oder Extinction Rebellion sind nicht in der Lage, einen nachhaltigen Einfluss auf die Gesellschaft auszuüben. Sie erzielen zwar Aufmerksamkeit und man mag ihnen auch zugutehalten, dass sie einen gewissen Druck auf die Politik ausüben. Moral ist aber erst dann wirkmächtig, wenn sie das Gros der Gesellschaft erreicht hat oder wenn sie sich in den Gesetzen der Staaten niederschlägt.

Quellen der Moral

Nachdem wir uns mit den Merkmalen der Moral beschäftigt haben, geht es nun darum, die Quellen der Moral freizulegen.

Moral ist biologisch

Schon bei der Frage, ob Moral universal gültig ist, haben wir mit Verweis auf unsere nächsten tierischen Verwandten davon gesprochen, dass die Moral auf biologischen Grundlagen beruht. Die Biologie der Moral geht dabei einher mit Emotionen. Basis unserer Moral ist nicht die Vernunft. Sie kommt erst in zweiter Instanz. Erstinstanzlich sind unsere Emotionen die Basis unserer Moral. Doch das Ganze ist wohl eher ein Gemisch aus beidem. Wir sind sowohl Natur- wie auch Kulturwesen. Für die Moral würde ich die kulturelle Komponente höher veranschlagen als die natürliche. Dies dürfte aus den bisherigen Überlegungen, insbesondere was die Relativität und die Verhandelbarkeit der Moral betrifft, deutlich geworden sein. Selbst wenn unsere moralischen Urteile biologische Wurzeln haben, wovon auszugehen ist, ändert das nichts daran, dass wir uns diese sprachlich vergegenwärtigen und uns über diese sprachliche Vergegenwärtigung austauschen können. Kulturell überformen wir ständig unsere Natur. Mit dem Verweis auf unsere Natur lässt sich für die Moral argumentativ wenig gewinnen. Die Natur setzt uns Grenzen. Wir sind bis auf weiteres sterblich. Für unsere Selbsterhaltung brauchen wir etwas zu essen und zu trinken und wir brauchen Schutz vor Hitze und Kälte. Alle diese Bereiche werden kulturell überformt. Sei es die Ess- und Trinkkultur, sei es die Architektur. Was die Sterblichkeit betrifft, so haben wir es durch die medizinischen Fortschritte so weit gebracht, dass die Lebenserwartung stetig gestiegen ist.

Die Fortpflanzung ist eine Konstante, die wir mit allen Lebewesen teilen. Inzwischen ist die Weltbevölkerung auf über 8 Milliarden angewachsen. Angesichts des Aufwandes, den wir für unsere Kinder erbringen, um sie großzuziehen, ist dies doch eine erstaunliche Tatsache. Klar, in weiten Teilen der Welt ist es immer noch so, dass Kinder zu bekommen, keine Sache der Planung ist. Kinder zu bekommen und aufzuziehen ist das Natürlichste der Welt und gleichzeitig auch eine kulturelle Aufgabe höchsten Grades.

Sie ist paradigmatisch für Fürsorge, Pflege, Hilfestellung. Wir sorgen uns um die Gesundheit und das Wohlergehen unserer Kinder. Wir sorgen für Nahrung, Schutz und Geborgenheit. Eltern stellen ihre eigenen Ansprüche zugunsten ihrer Kinder zurück. Es gibt auch das Gegenteil. Kinder werden vernachlässigt, ausgestoßen, Gewalt und Missbrauch ausgesetzt. Familien sind nicht nur Quelle von Glück, sondern auch Quelle für Unglück. Umso mehr gilt es dafür zu sorgen, dass die Quellen für Unglück zum Versiegen gebracht werden.

Die Ernährung spielt ebenfalls eine wichtige Rolle für unser Verhalten. Wie Untersuchungen zeigen, beeinflusst unsere Ernährung maßgeblich unser Wohlbefinden und damit auch unsere Entscheidungen. In den Niederlanden hat man herausgefunden, dass die Hungersnot in den Zeiten des Zweiten Weltkrieges mit der damit verbundenen Mangelernährung zu aggressivem Verhalten führte. Kinder von schwangeren Frauen, die sich in dieser Zeit nur ungenügend ernähren konnten, wiesen im Alter von 18 und 19 Jahren schwere antisoziale Persönlichkeitsstörungen auf. Es besteht somit eine Verbindung von Gewalttätigkeit und der Qualität der täglichen Ernährung. Experimente mit Insassen von Gefängnissen konnten zeigen, dass eine Ernährung, die mit Vitaminen, Mineralstoffen und Omega-3-Fettsäuren angereichert ist, das Aggressionspotenzial vermindert.[13]

Wenn ich mich gut fühle, bin ich auch toleranter im Umgang mit meinen Mitmenschen. Wenn ich gestresst bin, werde ich ungehalten und habe kein Ohr für Anliegen, die nicht gerade mit meinem stressverursachenden Problem im Zusammenhang stehen. Dass die Ernährung dabei eine wichtige Rolle spielt, leuchtet ein. Wenn ich hungrig bin, fällt es mir schwerer, mich zu konzentrieren. Habe ich gute Laune wirkt sich dies positiv auf meine Umgebung aus. Habe ich schlechte Laune dürften das meine Arbeitskolleginnen und Arbeitskollegen zu spüren bekommen. Geht es mir gut, bin ich eher bereit, Geld zu spenden. Geht es mir schlecht, interessieren mich die Nöte anderer nicht. Moralisches Verhalten hängt somit eng mit unserem Wohlbefinden zusammen. Und unser Wohlbefinden hängt neben unserer Ernährung von weiteren Faktoren ab. Schlaf, körperliche Betätigung und ein intaktes soziales Umfeld spielen eine wichtige Rolle. Geht es uns gut, geht es auch unserer Moral gut. Geht es uns schlecht, steht es auch schlecht um unsere Moral. Die antiken Denker haben behauptet, dass ein tugendhaftes Leben auch ein glückliches Leben sei. Aber vielleicht

---

13 Schweizer Fernsehen: Unser Gehirn ist, was es isst. Einstein vom 5. Januar 2023.

ist es umgekehrt: Ein glückliches Leben ist die Voraussetzung für ein moralisch gutes Leben.

Moral ist tugendhaft

Wir können uns Moral als ein Set von Tugenden vorstellen. Die Palette der Tugenden ist groß. In der Antike entstand das Konzept der vier Kardinaltugenden. Dazu gehören Mut, Besonnenheit, Gerechtigkeit und Weisheit. Diese Tugenden haben alle einen Bezug auf das Gute. Dies ist deshalb von Bedeutung, weil es zum Beispiel für kriminelle Handlungen auch Mut braucht. Aber Mut, den wir für kriminelle Handlungen aufbringen müssen, können wir nicht mit dem Prädikat tugendhaft versehen.

Tugenden entstehen durch Training. Es bedarf der ständigen Übung, um eine bestimmte Tugend auszubilden. Nach einer bestimmten Zeit wird sie dann zur zweiten Natur, zu einer Charaktereigenschaft. Jeder von uns kann sich etwas unter den vier Kardinaltugenden vorstellen. Die Vorstellungen dürften allerdings nicht deckungsgleich sein. Wir müssen uns darüber verständigen, was wir unter ihnen verstehen.

Mutig zu sein, kann für jeden etwas anderes bedeuten. Vor einer größeren Gruppe von Menschen sprechen zu müssen, fällt den einen sehr schwer, anderen sehr leicht. Das Leben stellt uns immer wieder vor Situationen, in denen wir uns unwohl fühlen, die uns ängstigen. Situationen, in denen Mut gefragt ist. Mut brauchen wir, um uns unseren Ängsten zu stellen.

Besonnenheit ist ebenfalls eine Tugend, die viele Facetten hat. Besonnen zu handeln, bedeutet zum Beispiel innezuhalten, keine übereilten Entscheidungen zu fällen, nicht überstürzt und unüberlegt zu handeln. Drohen Konflikte zu eskalieren, so trägt Besonnenheit zur Deeskalation bei. Besonnenheit setzt ein gutes Gespür für Menschen und Situationen voraus.

Während sich die Tugenden Mut und Besonnenheit im Individuum verorten lassen, handelt es sich bei der Gerechtigkeit um eine relationale Tugend. Hier geht es um den Vergleich. Vergleichen kann man alles Mögliche. Gerechtigkeit ist eine Kategorie im Komparativ: Jemand ist reicher, schöner, attraktiver, intelligenter, begabter, gesegneter, glücklicher, gesünder, leistungsfähiger. Übersteigen die Unterschiede ein bestimmtes Maß, stellt sich die Frage nach der Gerechtigkeit. Gerechtigkeit ist eine soziale Kategorie in meist hierarchischen Kontexten. Wir fühlen uns von übergeordneten Instanzen ungerecht behandelt. Hiob fühlte sich von Gott ungerecht behandelt. Geschwister fühlen sich von ihren Eltern ungerecht behandelt. Angestellte fühlen sich von ihrem Chef ungerecht behandelt. Zahlreich sind die Klagen von Bürgerinnen und Bürgern, die sich vom Staat ungerecht behandelt fühlen. Auch in nicht-hierarchischen Verhältnissen kann man sich ungerecht behandelt fühlen. Frauen werden von Männern und Männer von Frauen ungerecht behandelt. Ungerecht behandelt zu werden ist das eine, zu sagen, was Gerechtigkeit ist, das andere. Es ist ungleich schwieriger. Ich halte mich in dieser Frage an Epikur: *Es gibt keine Gerechtigkeit an sich, vielmehr entsteht an jedem Ort zu irgendeiner Zeit im Zusammenleben eine Vereinbarung, sich gegenseitig nicht zu schaden und nicht schaden zu lassen.*[14] Was mir an dieser Bestimmung besonders gefällt, ist die Kombination von Relativität und Absolutheit. Sie ist relativ in Bezug auf Zeit und Ort. Sie ist inhaltlich absolut: nicht schaden und nicht schaden lassen. Jede Zeit muss somit Vereinbarungen im Zusammenleben treffen, wie sie diesem Anspruch gerecht werden will.

Weisheit kann sowohl eine individuelle wie eine kollektive Tugend sein. Ein weiser Mensch verfügt über vertiefte Kenntnisse und Erkenntnisse über die Welt, in der er lebt. Sein Wissen und sein Handeln sind erfahrungsgesättigt. Er hat ein gutes Gespür nicht nur für Menschen und Situationen, sondern auch für nicht-menschliches Leben. Weisheit ist ebenfalls auf das Gute im Sinne des Gemeinwohls ausgerichtet. Insofern sich eine Gesellschaft am Gemeinwohl orientiert, bedarf sie der Weisheit.

Wer sich also die vier Kardinaltugenden zu eigen machen will, hat sich eine anspruchsvolle Aufgabe gestellt.

Wie gesagt, müssen Tugenden eingeübt werden. Durch die stete Übung werden sie zu einem festen Bestandteil des Charakters. Die Stoiker haben eine besonders faszinierende Tugendlehre präsentiert. Die Tugenden nehmen bei ihnen eine zentrale Stellung ein. Sie sind innere Qualitäten der Menschen. Ein tugendhaftes Leben zu führen, ist für sie gleichbedeutend mit einem glücklichen Leben.

Jede Situation, in die ein Stoiker oder eine Stoikerin gerät, ist ihm oder ihr Anlass sich von der besten und besonnensten Seite zu zeigen. Auf jede Situation wird in einer Weise reagiert, die die passende Tugend zum Ausdruck bringt, wie z.B. Sanftmut, Wahrheitsliebe, Vertrauen, Stand-

---

14 Epikur: Über das Glück. Aus dem Altgriechischen und herausgegeben von Séverine Gindro und David Vitali. Hauptlehrsatz 33. S. 89.

haftigkeit. In schwierigen Situationen zeigen Stoikerinnen und Stoiker souveränes Verhalten. Dabei geht es ihnen nicht darum, vor anderen gut dazustehen. Es geht ihnen darum, vor sich selbst zu bestehen. Vom Urteil der Mitmenschen machen sie sich unabhängig. Stoikerinnen und Stoiker haben grundsätzlich niemanden nötig, der ihnen die Rechtschaffenheit ihrer Lebensführung bestätigt. Ihnen genügt es, dass sie vor sich selbst bestehen können. Es geht ihnen um die Selbstachtung. Seneca schreibt: Wir Stoiker werden von keinem König regiert: Jeder steht für sich selbst ein.[15]

Zudem ist der Stoizismus in hohem Masse eine Philosophie des sozialen Engagements und fordert dazu auf, das ganze Menschengeschlecht und die Natur zu lieben. Die Stoiker haben den Kosmopolitismus etabliert. Sokrates meinte: Auf die Frage woher man stamme, dürfe man niemals sagen, man sei Athener oder Korinther, sondern ein Bürger des Universums. Dem schließt sich der Stoizismus an. Jeder von uns bewegt sich in folgenden vier Kreisen. Der erste Kreis ist unser Geist. Der zweite Kreis ist die Familie: Eltern, Brüder, Schwestern, Kinder, Verwandte. Der dritte Kreis enthält die Bürgerinnen und Bürger eines Landes. Aber der äußerste und größte Kreis, der alle anderen Kreise in sich einschließt, ist jener des ganzen Menschengeschlechts. Um sich angemessen verhalten zu können, gilt es, sich dieser Kreise bewusst zu sein und sie ins rechte Verhältnis zu setzen. Der Stoizismus versteht den Menschen als sozial, gesellig und als mit Vernunft begabt. Das Vernünftige schließt das Soziale ein. Das politische Engagement konzentriert sich auf das Gemeinwohl.

Die stoische Lehre sieht sich in der Tradition der Klassiker Sokrates, Aristoteles und Platon. Gerade Aristoteles hat eine Tugendlehre formuliert, die als beispielhaft angesehen werden muss. Die Nikomachische Ethik beginnt mit dem Satz: „Jede Kunst und jede Lehre, ebenso jede Handlung und jeder Entschluss scheint irgendein Gut zu erstreben. Darum hat man mit Recht das Gute als dasjenige bezeichnet, wonach alles strebt." Was aber ist dieses Gute, wonach alles strebt, und welche Wissenschaft kann diese Frage beantworten? Gemäss Aristoteles ist es die politische Wissenschaft, die diese Frage beantworten muss. Politik ist die oberste Instanz im Staat. Ihr untergeordnet sind Militär, Ökonomie und Rhetorik. Für uns mag die Erwähnung der Rhetorik überraschend sein. Wir reden heute eher von Propaganda, die allerdings negativ besetzt ist. Neutraler wäre vielleicht der

---

15 Seneca Epistulae 33.4 zitiert bei Anna Schriefel. Stoische Philosophie. Eine Einführung. Ditzingen 2019. S. 15.

Begriff politische Kommunikation. Das oberste Ziel ist für Aristoteles die Eudaimonia. Wörtlich übersetzt bedeutet es guter Geist und wird meist mit Glückseligkeit oder seelischem Wohlbefinden übersetzt. Eudaimonia ist eine Tätigkeit der Seele in Übereinstimmung mit der Vortrefflichkeit (griechisch Areté). Und die Glückseligkeit wird gleichgesetzt mit Gut-leben und Sich-gut-verhalten. Eudaimonia ist sowohl die Antwort auf die Frage nach dem gelungenen Leben wie auch auf die Frage nach dem Glück. Eudaimonia kann erlangt werden durch die Ausbildung eines guten Charakters. Ein guter Charakter entsteht durch Übung der Tugenden. So wie man durch Bauen zum Baumeister wird, so werden wir gerecht, in dem wir gerecht handeln, besonnen durch besonnenes Handeln und mutig durch mutiges Handeln.

Aristoteles macht im Übrigen klar, dass seine Untersuchung nicht der reinen Forschung diene, denn wir fragen nicht, um zu wissen, was die Tugend sei, sondern damit wir tugendhaft werden. Schließen wir uns Aristoteles an, müssten wir sagen, wir fragen nicht, um zu wissen, was Moral sei, sondern damit wir moralisch werden.

Jede Tugend ist bei Aristoteles die Mitte zwischen Übermaß und Mangel. Großzügigkeit beispielsweise ist die Mitte zwischen Verschwendung und Geiz. Mutig sein hält die Mitte zwischen Feigheit und Übermut. Auch betont er, dass es nicht einfach sei, die Mitte zu treffen. Tugendhaft zu sein, ist anstrengend. Es muss deshalb von Jugend an eingeübt werden.

Ein wesentlicher Aspekt zur aristotelischen Lehre muss hier erwähnt werden. Es geht um den politischen Kontext, in dem sie formuliert wurde. Hintergrund ist die Polis, der griechische Stadt-Staat. Menschsein heißt hier Bürger der Stadt sein. Jeder Bürger ist Repräsentant der Polis. Das Individuum im modernen Sinne existiert noch nicht. Politik, Recht und Moral sind eins. Die Polis bestimmt, was als moralisch gilt. Die Polis steht über dem Menschen als Individuum. Es gilt hier der bekannte Witz in abgewandelter Form: § 1. Die Polis hat immer recht. § 2. Sollte sie einmal nicht recht haben, tritt automatisch § 1 in Kraft. Dieses Prinzip ist nicht antike Vergangenheit, sondern gilt immer noch. Nicht nur in autokratischen Staaten. „Aus funktionaler Sicht besitzen politische Kollektive die Form sich selbst reproduzierender Rechthabe-Gemeinschaften. Um sich als solche zu behaupten, nehmen sie den Zwang auf sich, zu weit gehende Dissidenzen auszulöschen."[16] Wer den moralischen Kopf zu weit herausstreckt, muss damit rechnen, geköpft zu werden. Um eine Gemeinschaft zu stabilisieren,

---

16 Peter Sloterdijk: Den Himmel zum Sprechen bringen. Berlin 2021. S. 145.

braucht es den Glauben an eine geteilte Geschichte, sei diese mythologischer, religiöser, philosophischer oder geschichtlicher Natur. Gesellschaften sind bemüht, diese Geschichten zu stabilisieren. Jene, die andere Geschichten erzählen oder die herrschende Geschichte kritisieren, müssen marginalisiert, sanktioniert oder im Extremfall auch eliminiert werden. Andernfalls droht die Gesellschaft auseinanderzufallen – so zumindest die Befürchtung der Regierenden. Eine Motivlage, die sich in Variationen durch sämtliche Epochen hindurchzieht. Geschichten prägen uns und unsere Welt. An Geschichten mangelt es nicht. Schauen wir uns einige davon an. Beginnen wir mit der religiösen Geschichte.

Moral ist religiös

Religionen haben zweifellos einen großen Einfluss auf die Moral. Ich beschränke mich hier auf das Christentum in seiner katholischen und reformierten Ausprägung. Das Christentum liefert eine umfassende Welterklärung. Der Mensch ist ein von Gott geschaffenes Wesen und gleichzeitig mit dem Sündenfall ein von Gott abgefallenes Wesen, das der Erlösung bedarf. Die Erlösung erfolgt durch Jesus Christus, der am Kreuz für die Sünden der Menschheit starb. Durch Paulus erlangt das Christentum seine welthistorische Bedeutung. In den Städten breiten sich christliche Gemeinden aus. Die in diesen Gemeinden praktizierte Liebe beeindruckte das Umfeld.[17] Jesus radikalisierte den Umgang mit den Zehn Geboten. Als höchstes Gebot stellte er die Gottes- und Nächstenliebe ins Zentrum, die er zur Feindesliebe erweiterte. In der Bergpredigt spricht er davon, dass seine Jünger das Licht der Welt seien. Das Licht soll leuchten vor den Menschen, damit sie die guten Werke sehen und den Vater im Himmel preisen. Er sei nicht gekommen, das Gesetz aufzulösen, sondern es zu erfüllen. Er fordert seine Jünger auf, dem Bösen nicht zu widerstehen: "Wenn dich jemand auf deinen rechten Backen schlägt, so biete ihm auch den anderen dar."[18] Sie sollen einander vergeben. Er verurteilt die Heuchelei und das Angeben mit guten Taten. Sie sollen keine Schätze auf Erden, sondern Schätze im Himmel sammeln. Und sie sollen sich nicht um ihr Leben sorgen, was sie essen, trinken oder anziehen sollen. Sie sollen sich um das Reich Gottes kümmern. Der Vater im Himmel weiß, dass sie das alles benötigen. Sie

---

17 Bernd Moeller: Geschichte des Christentums in Grundzügen. Göttingen 1987. S. 41.
18 Matthäus 5, 39

sollen nicht richten. Sie sollen zuerst den Balken aus dem eigenen Auge ziehen, bevor sie sich um den Splitter im Auge des Bruders kümmern sollen. Die Bergpredigt enthält auch die sogenannte Goldene Regel: „Alles nun, was ihr wollt, dass die Leute euch tun sollen, das tut auch ihr ihnen ebenso; denn dies ist das Gesetz und die Propheten."[19]

Die Zehn Gebote mussten schon ziemlich Federn lassen. Das Tötungs- und das Lügenverbot haben sicher noch am meisten Kredit. Vater und Mutter zu ehren vielleicht auch noch. Schwieriger wird es mit Ehebruch, mit der Sabbat- bzw. Sonntagsruhe. Geflucht wird auch noch, auch wenn es verpönt ist.

Was ist von der Bergpredigt übriggeblieben? Die Liebe beschränkt sich auf Familie und Freunde. Zu unseren Nächsten sind wir nach Möglichkeit nett, sofern sie auch zu uns nett sind. Unsere Feinde zu lieben, ist definitiv zu viel verlangt. Sie müssen nicht mal Feinde sein. Es genügt schon, wenn sie Fremde sind. Statt Feindesliebe pflegen wir Fremdenhass. Erhalten hat sich die negative Bewertung von Heuchelei und Prahlerei. Wasser predigen und Wein trinken finden wir tatsächlich nicht gut. Und den Splitter im Auge des andern sehen wir auch lieber als unseren eigenen Balken.

Das Christentum hat sich immer wieder mit philosophischen Strömungen auseinandergesetzt. So wurde die Frage gestellt, ob die antiken Philosophen Vorläufer des christlichen Glaubens oder dessen Feinde sind. Ist der eigentliche Sinn des christlichen Glaubens, die Menschen zu einem neuen Leben der Sittlichkeit und der Zucht zu führen oder ist das gerade der falsche Weg? Zeigt nicht der Sittenverfall, dass die Philosophie an der Aufgabe, die Menschen zur sittlichen Erneuerung zu führen, gescheitert ist?

Mit dem Wachstum der christlichen Gemeinden stellte sich die Frage der Heiligkeit der Kirche. Im Urchristentum waren alle Christen Heilige, da die Heiligkeit nicht auf einer sittlich-religiösen Leistung beruhte, sondern auf der Überzeugung, dass sie durch Christus gerettet worden sind. Die Heiligkeit der Lebensführung war eine Konsequenz daraus. So heißt es bei Paulus: „Ich lebe, aber nun nicht ich, sondern Christus lebt in mir."[20] Gleichwohl gab es mit der Moral Probleme. So finden wir bei Paulus eine Aufzählung von Laster und Tugenden, die er zwei unterschiedlichen Prinzipien zuordnet; dem Fleisch und dem Geist. Im Brief an die Galater schreibt er, dass die Gläubigen zur Freiheit berufen seien. Sie sollten diese aber nicht zu einem Vorwand für das Fleisch machen. Die Werke des Flei-

---

19 Matthäus 7,12
20 Galater 2,20

sches sind Ehebruch, Unzucht, Uneinigkeit, Ausschweifung, Götzendienst, Zauberei, Feindschaft, Hader, Eifersucht, Zorn, Ehrgeiz, Zwietracht, Spaltungen, Neid, Mord, Trunkenheit, Gelage und dergleichen. Zu den christlichen Tugenden zählt er Liebe, Freude, Friede, Geduld, Freundlichkeit, Gütigkeit, Treue, Sanftmut, Enthaltsamkeit. Tugenden, die wir, von der letzten abgesehen, wohl auch heute noch begrüßen würden.

Paulus ist bestrebt, dass die christlichen Gemeinden die Früchte des Geistes zeigen. Um dies sicherzustellen, ruft er die Gemeinde von Korinth auf: „Tut den Bösen aus eurer Mitte hinweg."[21] Die Christen jener Zeit mussten noch keine staatliche Verantwortung übernehmen. Dies änderte sich mit der konstantinischen Wende. Die Christen erhielten volle Religionsfreiheit. Konstantin sorgte dafür, dass das Heidentum verdrängt wurde. Im Jahre 321 wurde die Sonntagsfeier eingeführt. Das Christentum musste nun öffentliche Verantwortung übernehmen.[22]

In der weiteren Entwicklung des Christentums waren nicht mehr alle Christen Heilige, sondern nur noch jene, die sich durch einen besonderen Lebenswandel auszeichneten. Heilige wurden Gegenstand der Verehrung und es entstand das Mönchstum. Das Leben im Kloster unterlag strengen Regelungen. Gehorsam und Beichte waren wichtige Elemente. Die Menschen im Mittelalter sind eingebunden in die zahlreichen religiösen Feste von Weihnachten über Ostern bis Pfingsten. Die Familien im Mittelalter waren kinderreich. Eine Frau gebar bis zu zehn Kinder, wovon meist drei oder vier davon früh verstarben.[23] Die Kinder wurden aus religiöser Überzeugung streng erzogen, sollen aber viel Zärtlichkeit und Zuwendung erhalten haben. Ehebruch war ein klarer Verstoß gegen die Moral. Bettlern gegenüber war man wohlwollend. Sie erhielten immer ein Stück Brot, eine Suppe oder ein Almosen. Die Arbeit war nicht von Konkurrenz geprägt. Werbung fiel unter das Verdikt der Habgier und des Betrugs.

Theologisch unterscheiden sich Katholizismus und Reformation in der Bewertung der guten Werke, der guten Taten. Thomas von Aquin gilt als Aristoteles des Mittelalters. Bei ihm spielen die Tugenden deshalb eine große Rolle. Für Luther ist es gerade die Lehre des Thomas von Aquin, die es zu bekämpfen gilt. Luther beschäftigte die Frage: Wie bekomme ich einen gnädigen Gott? Seine Antwort lautete: nicht durch gute Taten,

---

21 1. Korinther 5,13
22 Bernd Moeller: Geschichte des Christentums in Grundzügen. Berlin 1987. S. 83.
23 Die folgende Darstellung entnehme ich: Robert Fossier: Das Leben im Mittelalter, München 2008.

Quellen der Moral

wie das die katholische Kirche lehrte, sondern durch den Glauben an die Erlösung durch Jesus Christus. Es ist reine Gnade. Die Erlösung kann nicht durch gute Taten und Werke erlangt werden, sondern allein durch den Glauben an die Erlösungstat Jesu Christi. Deshalb bekämpfte er den Ablasshandel, der darin bestand, Sünden durch Zuwendungen an die Kirche zu tilgen. Allein der Glaube, allein die Schrift, allein Christus und allein die Gnade sind die Grundprinzipien der lutherischen Reformation. Mit der Ablehnung der Erlösung durch gute Taten wird auch eine Tugendlehre abgelehnt. Der Mensch kann sich nicht selbst erlösen. Das Leben wird durch eine tugendhafte Moral behindert. Die Habituslehre des Thomas von Aquin führe zu einer Moralisierung des Evangeliums. Zudem verführe sie zur Annahme, dass am Menschen etwas von Gutsein zu finden sei. Die ganze Ethik des Aristoteles und damit auch jene von Thomas von Aquin sind für die Reformatoren die Feinde der Gnade. Erlösung ist ein Gnadengeschenk. Der Mensch kann mit guten Taten nicht das Heil erlangen. Gute Taten sind die Folge der Errettung durch Gott. Gott und den Menschen trennt eine Kluft, die der Mensch nicht von sich aus überbrücken kann. Sünde ist zu verstehen als ein Prinzip, ein Getrenntsein von Gott, das dazu führt, dass der Mensch sündigt. Das Heil kann durch den Glauben an die Erlösungstat Christi erlangt werden. Es beinhaltet die Vergebung der Sünden und die Wiederherstellung der Beziehung zu Gott, die theologisch als Rechtfertigung bezeichnet wird. Diese von Luther aus dem Römerbrief gewonnene Erkenntnis hat weitreichende Konsequenzen. An sich wollte Luther die römisch-katholische Kirche reformieren, musste aber feststellen, dass diese kein Interesse daran hatte. So kam es zum Bruch.

Formal lässt sich für unseren Zusammenhang feststellen, dass Luther die herrschende Moral attackierte. Diese versucht in der Folge den Störenfried zum Schweigen zu bringen. Doch dieser, seinem Gewissen folgend, lässt sich nicht mehr mundtot machen. Im Gegenteil. Er kritisiert den Papst und die Kirche. Er stellt das Wort Gottes über die Tradition der Kirche. Eine neue Moral bricht sich Bahn, wobei fraglich ist, ob wir hier von Moral sprechen können. Wird doch Moral an sich, ein von Menschen hervorgebrachtes System zur Regelung des Zusammenlebens, einer generellen Kritik unterzogen. Halten wir gleichwohl am Begriff Moral fest, so lässt sich sagen, dass zwei Moralsysteme aufeinanderprallen, die nun um die Vorherrschaft ringen.

Aus reformatorischer Sicht haben wir auf der einen Seite den Gläubigen, der durch den Glauben und die Gnade Gottes das Heil erlangen kann. Auf der anderen Seite gilt es, das kirchliche Leben zu organisieren. Mit

Zwingli in Zürich und Calvin in Genf erfuhr die Reformation weitere Verbreitung. Zwingli trennte sich radikaler von den katholischen Bräuchen als Luther. Zudem verbannte er Bilder und Musik aus den Kirchen. Calvin errichtete in Genf ein strenges Regime, das nicht nur die Christengemeinde, sondern die ganze Stadt betraf. Luther formulierte eine Zwei-Reiche-Lehre. Das Reich Gottes und das weltliche Reich. Ein Christ lebt in beiden Welten. Calvin baut darauf auf und unterscheidet zwischen dem äußeren Menschen, der unter der weltlichen Regierung lebt, und dem inneren Menschen, der unter Christus lebt. Für den inneren Menschen wird das Gewissen zur wichtigen Instanz, das sich an der Bibel, dem Wort Gottes orientiert. Der Mensch soll sich der staatlichen Gewalt unterordnen, sich aber von dieser in Bezug auf das Gewissen nichts vorschreiben lassen. Sollte es zu einem Konflikt kommen, hat das Gewissen Vorrang.

Mit dem Gewissen schafft die Reformation eine an der Bibel orientierte moralische Instanz. Da sich das Gewissen nur vor Gott zu verantworten hat, können die Gewissensentscheidungen unterschiedlich ausfallen, zumal die Bibel unterschiedliche Interpretationen zulässt. Das führt nicht nur zu Auseinandersetzungen mit der katholischen Kirche, sondern auch zu Auseinandersetzungen innerhalb der reformierten Kirche. Gleichzeitig befördert die Reformation mit der Idee des Gewissens die Individualisierung.

Oben haben wir festgestellt, welchen moralischen Beständen der jüdisch-christlichen Tradition wir heute noch nachleben. Neben Katholiken und Protestanten gibt es auch die vor allem in den USA und Brasilien große Gruppe der Evangelikalen, die auch politisch von Bedeutung ist. Viele Evangelikale in den USA sind Anhänger von Donald Trump. Einen notorischen Lügner zu unterstützen, ist für sie offenbar kein Hindernis. Sie gewichten es höher, dass Trump sich gegen die Abtreibung einsetzt. Im Christentum ist die Unterscheidung von Gut und Böse ein wesentlicher Bestandteil. Sie hat sich auch säkular erhalten. Wir füllen die beiden Kategorien einfach mit anderen Inhalten. Mission war im Christentum eine zentrale Aufgabe. Wenn uns heute jemand missionieren will, reagieren wir abwehrend. Wer will sich heute noch bekehren lassen. Abwehrend reagieren wir auch, wenn uns jemand seine moralischen Maßstäbe aufdrängen will. Wir sprechen dann von Moralisieren. Moralisieren ist die säkulare Variante von Missionieren. In beiden Fällen geht es darum, die Menschen auf den rechten Weg zu bringen. Damit kommen wir zu einer weiteren großen Geschichte: der Aufklärung.

Quellen der Moral

Moral ist vernünftig

Mit der Bestimmung des Menschen als vernunftbegabtes Lebewesen nahm die Philosophie bei den Griechen ihren Anfang. Das Mittelalter ringt mit dem Verhältnis von Vernunft und Glaube und verschiebt das Gewicht zugunsten des Glaubens. Mit der Aufklärung wird die Vernunft zum Programm. Vernunft ist gut. Unvernunft demzufolge schlecht, um nicht zu sagen böse. Vernunft ist universal. Mit der Vernunft lässt sich die Moral universalisieren. Die Vernunft sagt uns, was gut und was böse ist. Es gilt, der Vernunft zum Durchbruch zu verhelfen. Die Vernunft muss herrschen über das Unvernünftige. Der Mensch ist das vernunftbegabte Lebewesen. Wo Vernunft herrscht, ist kein Platz für das Böse. Doch worin besteht die Vernunft und wie wird der Mensch vernünftig?

Die Bestimmung des Menschen als vernunftbegabtes Lebewesen bedeutet nicht, dass er per se vernünftig ist. Es heißt nur, dass er zur Vernunft fähig ist. Vernunft ist somit eine auszubildende Fähigkeit. In Bezug auf unser Moralthema würde ich sie als jene Fähigkeit beschreiben, in einer konkreten Situation unter Berücksichtigung der relevanten Aspekte eine gute Entscheidung zu treffen. Vernunft hat das Ganze im Blick. Zumindest versucht sie, das Ganze im Blick zu behalten. Sie muss in einer komplexen Situation unterschiedliche Ansprüche berücksichtigen. Dies kann bedeuten, sie in einen Kompromiss zu überführen oder sich auch für eine bestimmte Position zu entscheiden. Vernunft wird deshalb häufig mit den Tugenden Weisheit und Besonnenheit in Verbindung gebracht.

Wenn wir im Alltag jemanden ermahnen, vernünftig zu sein, meinen wir damit, sich der herrschenden Moral anzupassen oder ein besonders riskantes Unterfangen bleiben zu lassen. Vernunft wird auch mit Maßhalten in Verbindung gebracht, nicht über die Stränge zu schlagen. Maßhalten kann bedeuten, Extreme zu vermeiden und eine mittlere Position einzunehmen. Dieses Prinzip kennen wir bereits von Aristoteles.

In der Geschichte der Philosophie hat der Vernunftbegriff diverse Wandlungen durchgemacht. Bei Platon stellt die Vernunft das Vermögen dar, die Idee des Guten zu erkennen. Für Epikur ist die Vernunft die Quelle, aus der die Tugenden hervorgehen. Die Vernunft ermöglicht ein gutes, gerechtes und angenehmes Leben. Für Anselm von Canterbury ist die Vernunft die Fähigkeit, das Wahre vom Nicht-Wahren, das Gute vom Nicht-Guten zu unterscheiden. Für Kant ist die Vernunft etwas Erhabenes: „Durch die Vernunft ist man aktiv mit dem Ganzen der Natur, der Gesellschaft, der

Menschheit verbunden."[24] Für Hegel steht die Vernunft in Verbindung mit der Freiheit. Sie ist für ihn das zentrale Vermögen des Menschen. Ohne Vernunft kein Menschsein. Hegel grenzt sie auch vom Verstand ab. Der Verstand denkt in Entweder-oder-Kategorien und ist unfähig, Vielfalt und Widersprüchlichkeit von Menschen, Zeiten und Ereignissen zu fassen.[25] Dies aber kann die Vernunft und deshalb ist sie gerade auch für moralische Fragen von entscheidender Bedeutung. Der Verstand arbeitet mit Mittel-Zweck-Relationen. Ich möchte einen bestimmten Zweck realisieren und setze dann die nötigen Mittel ein, um diesen zu realisieren. Ob dieser Zweck gut oder böse ist, ist dabei unerheblich. Der Verstand lässt sich also auch für destruktive Ziele einsetzen. Anders bei der Vernunft. Die Vernunft strebt das Gute an und orientiert sich am Gemeinwohl.

Die Aufklärung hat versucht, die Moral von ihrem religiösen Kontext zu befreien. Moralisches Verhalten soll nicht auf das Leben im Jenseits ausgerichtet sein, um entweder in den Himmel zu gelangen oder der Hölle zu entkommen. Moral hat ihren Wert in sich selbst. Es ist möglich, ohne Gott moralisch zu leben. Angesichts des Dreissigjährigen Krieges ist es sogar notwendig, die Moral von ihren religiösen Bezügen zu befreien, um ein friedliches Zusammenleben zu ermöglichen.

Ludwig Feuerbach haben wir bereits beim Thema „Gott ist tot" kennengelernt. Bei ihm können wir sehen, wie sich der Übergang von der Theologie zur Philosophie vollzieht. Er schreibt:

Gott war mein erster Gedanke, die Vernunft mein zweiter, der Mensch mein dritter und letzter Gedanke.[26]

Weiter schreibt er:

Der Zweck meiner Schriften ist: die Menschen aus Theologen zu Anthropologen, aus Theophilen zu Philanthropen, aus Kandidaten des Jenseits zu Studenten des Diesseits, aus religiösen und politischen Kammerdienern der himmlischen und irdischen Monarchie und Aristokratie zu freien, selbstbewussten Bürgern der Erde zu machen.[27]

---

24 Rüdiger Safranski: Das Böse oder das Drama der Freiheit. München/Wien 1999. S. 176.
25 Youtube: Hegel für Eilige Folge 4: Vernunft. URL siehe Literaturverzeichnis.
26 Zitiert nach Friedrich Albert Lange: Geschichte des Materialismus und Kritik seiner Bedeutung in der Gegenwart. https://www.projekt-gutenberg.org/langef/material/chap019.html. Letzter Zugriff am 15. Juni 2023
27 Ludwig Feuerbach: Vorlesungen über das Wesen der Religion. Stuttgart 1908. S. 28 f.

Mit Bezug auf Platon kann man sagen, dass die Vernunft das Vermögen ist, das Gerechte vom Nicht-Gerechten, das Wahre vom Nicht-Wahren und das Gute vom Nicht-Guten zu unterscheiden. Die Vernunft hilft uns, das Gerechte, das Wahre und das Gute zu erkennen. Ich würde sogar noch weiter gehen und sagen, dass sie das Wahre und Gute nicht nur zu erkennen vermag, sondern auch wesentlich dazu beitragen kann, das Gerechte zu realisieren. Und Gerechtigkeit, wie wir sie im Anschluss an Epikur bestimmt haben, besteht in einer Vereinbarung darüber, uns gegenseitig nicht zu schaden und nicht schaden zu lassen. Wir muten der Vernunft also einiges zu. Sie soll uns nicht nur dabei helfen, die Welt, in der wir leben, zu verstehen, sondern auch dabei helfen, die Welt so zu gestalten, dass es nicht nur den Menschen, sondern allen leidensfähigen Wesen gut geht.

Mit der Betrachtung der religiösen und der aufklärerischen Seite der Moral geht auch die geschichtliche Seite der Moral einher. Geschichte ist gleichsam die übergeordnete Kategorie. Religion ist geschichtlich, Vernunft ist geschichtlich. Moral ist geschichtlich.

Moral ist geschichtlich

Jede Epoche, jede Nation, jede Gesellschaft, jede Gruppe lebt eine bestimmte Moral, eine bestimmte Art des Umgangs miteinander. Diese Art des Umgangs wird von Generation zu Generation weitergegeben und an die jeweiligen Umstände adaptiert. Die Quellen unserer Moral speisen sich aus unserer Geschichte. Es sind dies im Wesentlichen Bestände aus der Antike, dem Mittelalter und der Neuzeit. Hier ein paar ausgewählte Beispiele, die auch schon an anderer Stelle erwähnt wurden:

In der Antike wird die Moral durch bestimmte Tugenden geprägt. Im Zentrum steht die Areté, die meist mit Tugend übersetzt wird. Areté meint Vortrefflichkeit oder Bestheit eines Seienden. So kann von der Areté eines Messers oder eines Pferdes gesprochen werden. Die menschliche Vortrefflichkeit orientiert sich an einem Idealbild des Menschen. Bei Homer besteht diese in der Tapferkeit des Helden, die sich im Krieg und in sportlichen Wettkämpfen zu bewähren hat. Mit Sokrates, Platon und Aristoteles vollzieht sich dann der Übergang zu einer philosophisch konzipierten und begründeten Moral. Platon entfaltet in der „Politeia" die vier Kardinaltugenden Weisheit, Tapferkeit, Besonnenheit und Gerechtigkeit. Aristoteles liefert in seiner Nikomachischen Ethik eine Tugendlehre.

Die Kardinaltugenden finden auch im Mittelalter ihren Niederschlag, werden aber christlich gedeutet. Neben den Zehn Geboten sind die Gleichnisse im Neuen Testament eine Quelle moralischer Grundsätze. Thomas von Aquin adaptiert die Tugendlehre des Aristoteles unter christlichen Vorzeichen und erweitert sie um Glauben, Liebe und Hoffnung. Die Reformation kritisiert die Tugendlehre grundsätzlich. Sie führe zur Moralisierung des Christentums. Tugend behindere das Leben.

Mit der Neuzeit und der Aufklärung steht nicht mehr Gott, sondern der Mensch im Zentrum. Mit der Entdeckung des Individuums wird der Mensch unabhängig von politischen oder religiösen Gemeinschaften gedacht. Die Entfaltung der individuellen Anlagen und Fähigkeiten gewinnt an Bedeutung. Es tauchen neue Tugenden auf, wie gute Manieren und praktische Lebensklugheit. Selbstbehauptung und Selbstverwirklichung bestimmen die moralische Haltung. Mit dem Aufstieg des Bürgertums kommen Tugenden wie Ordnung, Sparsamkeit, Reinlichkeit und Fleiß dazu. Im Zusammenhang mit dem Kapitalismus werden gewisse Laster als vorteilhaft für die Wirtschaft befunden. Berühmt ist die Bienenfabel von Bernard de Mandeville, in der gezeigt wird, wie private Laster öffentliche Vorteile mit sich bringen.

Moral ist geschichtlich. Sie nimmt im Laufe der Geschichte unterschiedliche Formen an. In dieser Geschichte finden wir viele Geschichten. Heute spricht man von Geschichten als Narrativen. Geschichten transportieren Moral. Moral ist narrativ.

Moral ist narrativ

Unsere Moral ist durchdrungen von verschiedenen Geschichten. Die religiöse und die philosophische habe ich ausgeführt. Daneben gibt es natürlich noch weitere Geschichten, die moralische Ansprüche erheben. Jede Nation pflegt ihre Geschichte und ihre Geschichten. Häufig auch in Abgrenzung zu anderen Nationen. Dabei werden auch Feindbilder gepflegt und geschürt, die zu Kriegen führen. Aus dieser Vielzahl der Geschichten lässt sich der Schluss ziehen, dass Moral narrativ verfasst ist. Der Mensch ist in seinen Handlungen und in seinen Fiktionen im Wesentlichen ein Geschichten erzählendes Tier.[28] Diese These vertreten Samira El Ouassil und

---

28 Alasdair MacIntyre: Der Verlust der Tugend. Frankfurt am Main 1995. S. 288.

Friedemann Karig in ihrem schönen Buch „Erzählende Affen. Mythen, Lügen, Utopien".[29] Sie zeigen, wie Geschichten unser Leben bestimmen. Teilt man diese Auffassung – und vieles spricht dafür – so lässt sich die Frage nach der Moral überführen in die Frage: Als Teil welcher Geschichte oder als Teil welcher Geschichten sehe ich mich? Moral ist ein Geflecht von Geschichten, die wir einander erzählen und die wir durch die Erzählung am Leben erhalten. Es ist deshalb auch nicht verwunderlich, wenn sich dabei Widersprüche auftun, wenn Moralvorstellungen aus unterschiedlichen Geschichten aufeinanderprallen. Das bedeutet aber auch, dass wir uns der Geschichten, die wir uns erzählen und die wir erzählt bekommen, bewusst sein müssen. Nur allzu leicht lassen wir uns von Geschichten einlullen und sind uns nicht bewusst, welche Interessen dabei verfolgt werden.

Wenn uns an Moral etwas liegt, in dem Sinne, dass Moral bestrebt ist, das Gute zu realisieren, dann müssen wir darauf achten, welchen Geschichten wir Raum geben, welche Geschichten sich lohnen, weitererzählt zu werden und welche nicht. Wir müssen uns aber auch darüber im Klaren werden, welche Geschichten besonders wirkmächtig sind. Es gibt Geschichten, die besonders dominant sind. Sie stecken den Rahmen ab, in dem sich andere Geschichten überhaupt entfalten können. Mit diesen wirkmächtigen Geschichten befassen wir uns nun als nächstes.

---

29 Samira El Ouassil und Friedemann Karig: Erzählende Affen. Mythen, Lügen, Utopien. Wie Geschichten unser Leben bestimmen. Berlin 2021.

Rahmenbedingungen der Moral

Der Staat und die Moral

Jede Gesellschaft lebt eine bestimmte Moral, und zwar unter bestimmten politischen Rahmenbedingungen. Diese Rahmenbedingungen legen fest, in welchem Ausmaß und in welcher Ausprägung sich eine Moral in einer Gesellschaft entfalten kann. In einer Diktatur präsentiert sich die gelebte Moral anders als in einer Demokratie.

Die Durchsetzung einer bestimmten Moral dient der herrschenden Elite einerseits zur Stabilisierung der Gesellschaft und andererseits zur Sicherung der Macht. Wie wir gesehen haben, führt die Unverhandelbarkeit der Moral zu Streit mit Potenzial für Kriege. Religionen führen immer eine bestimmte Moral mit sich. Wir kennen Kriege zwischen Protestanten und Katholiken, zwischen Islam und Christentum, zwischen Buddhisten und Hinduisten, zwischen Hinduisten und dem Islam. In Indien setzt Narendra Modi alles daran, den Hinduismus als Leitkultur zu etablieren und die Moslems zu Menschen zweiter Klasse zu degradieren. In Afghanistan werden Frauen und Mädchen von den Taliban systematisch ausgegrenzt und unterdrückt. In China werden die Uiguren in Arbeitslagern gezwungen, ihre Kultur zu verleugnen. In der Ukraine versucht Putin ein ganzes Land auszulöschen, weil es sich in Richtung westlicher Werte bewegt.

Die Theorien zu diesem Phänomen finden wir bei Niccolò Machiavelli und Thomas Hobbes. Machiavelli beschreibt, mit welchen Mitteln der Fürst seine Macht sichern kann. Moral spielt dabei eine nicht unwichtige Rolle. Allerdings nicht in dem Sinne, dass sich der Fürst moralisch zu verhalten habe. Im Gegenteil, in bestimmten Situationen muss er in der Lage sein, unmoralisch zu handeln. Gleichwohl ist es nicht unwichtig, sich moralische Tugenden zuzulegen, zumindest dem Schein nach. Er muss als mild, treu, menschlich, redlich und fromm gelten, doch wenn es die Situation erfordert, das Gegenteil davon tun. Für das Volk sind Ruhe und Stabilität wichtig. Unruhen müssen verhindert werden. Verschiedene Strömungen in einem Volk müssen ausbalanciert werden. Die schwächere Seite muss unterstützt, aber nicht gestärkt, die stärkere Seite hingegen geschwächt werden. Politik muss vorausschauend handeln, denn vorbeugen ist besser als heilen.

Machiavelli lebte in einer Zeit, in der das Leben unmittelbar bedroht war. Für das Volk ist deshalb Sicherheit wichtig. Gelingt es dem Fürsten, dies zu garantieren, kann er sich an der Macht halten. Der Fürst muss sich gut in der Kriegskunst auskennen. Gibt er sich dem Lebensgenuss hin, ist sein Reich schnell dahin. Im Übrigen sei es nicht möglich, ein Heer ohne Grausamkeit zu führen. Hätte Putin Machiavelli gelesen, wäre er wohl nicht in die Ukraine einmarschiert. Denn Machiavelli rät davon ab, in ein Land einzumarschieren, wenn man sich der Gunst des Volkes nicht sicher ist. Aber vielleicht hat sich Putin diesbezüglich auch einfach geirrt.

Ein Mensch, der immer nur das Gute tun will, unter Menschen, die nicht gut sind, muss zugrunde gehen. Das gilt auch für den Fürsten. Er muss imstande sein, nicht gut zu handeln, um sein Überleben zu sichern.

Ein Fürst muss darauf achten, dass er zwar gefürchtet, aber nicht gehasst wird. Missstände müssen mit harter Hand bekämpft werden, sonst greifen Raub und Mord um sich. Der Fürst muss darauf bedacht sein, dass man in seinen Taten Hochsinn, Kühnheit, Ernst und Stärke wahrnimmt. Wankelmütigkeit und Unentschlossenheit kommen beim Volk nicht gut an. Ein Fürst muss sich beraten lassen. Dafür bedarf er der Weisheit. Er darf nicht müde werden, die Wahrheit anzuhören. Ein Fürst darf sich nichts vormachen. Er braucht die Vernunft, um sich der Realität zu stellen. Macht bedarf der Vernunft, um sich selbst behaupten zu können.

Modern gewendet: Um ein Volk in Frieden und Sicherheit zu halten, bedarf es einer politischen Führung, die es versteht, ihre Bürgerinnen und Bürger gegenüber inneren und äußeren Feinden zu verteidigen. Der Selbsterhalt und die Selbstbehauptung eines Einzelnen wie auch einer Gruppe oder eines staatlichen Gebildes bedürfen des Einsatzes gewaltsamer Mittel. Moral wird strategisch eingesetzt. Der Schein ist wichtiger als das Sein. Gleichwohl bedarf die politische Führung bestimmter Charaktereigenschaften, bei denen der Schein allein nicht genügt. Bezüglich der Realität darf sie sich keinen Illusionen hingeben. Um vorausschauend regieren zu können, ist eine realistische Einschätzung der Lage von entscheidender Bedeutung. Dies gilt umso mehr, sollte es gar zu einem Krieg kommen.

Staatengründungen und -eroberungen sind immer gewaltsamer Natur. Ebenso ist die Verteidigung eines Staates im Falle eines Angriffs nur mit militärischen Mitteln möglich. Eine Kapitulation bedeutet das Ende des ursprünglichen Staates. Treten innerhalb des Staates zu große Spannungen auf, besteht die Gefahr eines Bürgerkrieges, was ebenfalls das Ende des Staates bedeuten kann. Den Bürgerkrieg gilt es, durch vorausschauendes Regieren zu verhindern.

Wer nur das Gute will und sich nicht auch am Selbsterhalt orientiert, wird in einer Welt von Schurken unvermeidlich untergehen. Erst eine gesicherte Welt erlaubt es, sich den guten und schönen Seiten des Lebens zu widmen. Selbsterhaltung und Selbstbehauptung, welche Gewalt als Mittel legitimiert und unvermeidlich Unmoral nach sich zieht, ist die Voraussetzung dafür, dass sich so etwas wie Moral überhaupt entfalten kann. Wenn es um Fragen des Staatserhalts geht, ist Unmoral in der Politik unvermeidlich. Selbsterhaltung kann nur mit gewaltsamen Mitteln gesichert werden. Sicherheit ist die Bedingung für die Möglichkeit von Moral, die sich am Guten ausrichtet. Doch die Herstellung dieser Sicherheit bedarf der Macht, die durch die Möglichkeit des Gewalteinsatzes aufrechterhalten wird.

Thomas Hobbes ist derjenige, der mit seinem „Leviathan" das neuzeitliche Staatsverständnis theoretisch konzipiert. Mit der Reformation entsteht eine neue moralische Konzeption, welche gegen die römisch-katholische Konzeption von Moral antritt. Beide Seiten betrachten ihre Moral als unverhandelbar, was in der Folge zum Dreißigjährigen Krieg führt. Vor der Grausamkeit dieses Krieges muss Hobbes' Staatstheorie verstanden werden. Berühmt ist seine Formel, dass der Mensch des Menschen Wolf sei. Im Naturzustand befinden wir uns gemäß Hobbes im Kampf aller gegen alle. Dies ist ein höchst gefährdeter Zustand. Ich kann nie sicher sein, ob mir jemand nach dem Leben trachtet. Die Lösung besteht darin, dem Staat das Gewaltmonopol zu übertragen und so für Ordnung, Stabilität und Frieden zu sorgen.

Hobbes definiert Moral folgendermaßen: „Unter Sitten verstehe ich hier nicht geziemendes Betragen, z.B. wie man einen andern grüßen, in Gesellschaft den Mund wischen oder die Zähne stochern soll, oder andere Regeln der Anstandslehre, sondern diejenigen Eigenschaften der Menschheit, die ihr Zusammenleben in Frieden und Eintracht betreffen."[30]

Von Eigenschaften der Menschheit ist da die Rede mit dem Ziel eines Zusammenlebens in Frieden und Eintracht. Da stellt sich die Frage, was das für Eigenschaften sind. Noch eine weitere Bestimmung von Hobbes ist für unseren Zusammenhang von Bedeutung. Hobbes behauptet nämlich, dass das Gesetz eines Staates nicht in der Sittlichkeit des Guten und Gerechten gründet, sondern umgekehrt: „Was als moralisch gilt, bestimmt das

---

30 Thomas Hobbes: Leviathan oder Stoff, Form und Gewalt eines kirchlichen und bürgerlichen Staates. Hrsg. und eingeleitet von Iring Fetscher. Übers. von Walter Euchner. Frankfurt a.M. 1989 [1651], S. 75.

Gesetz."[31] Gesetze also, die das Zusammenleben in Frieden und Eintracht regeln, sind moralisch. Es geht ihm um einen klaren Maßstab, was in einem Staat als gut und was als böse zu gelten hat. Hier finden wir sie wieder, die Kategorien von Gut und Böse. Private Auffassungen von Moral interessieren Hobbes nicht. Hobbes unterscheidet zwischen individueller Moral und öffentlicher Moral. Er unterscheidet zwischen Tugenden, die politisch relevant sind und solchen, die es nicht sind. Geiz, Freundlichkeit, Liebe sind für Hobbes moralisch gesehen neutral, da moralisch für ihn nur das ist, was der Staat als solches in den Gesetzen deklariert.[32] Für Hobbes sind Meinungsstreitigkeiten jedoch bereits eine Gefahr für den Staat. Es ist deshalb Aufgabe des Staates, die Meinungen zu kontrollieren. Um die Meinungen zu kontrollieren, bedarf es laut Hobbes einer staatlichen Lehre, die durch Erziehung zu vermitteln ist. Damit sollen die Ursachen von Meinungsstreitigkeiten beseitigt werden. Dabei erweist sich Religion als nützliches Instrument. Vor Gott gilt es sich zu fürchten und Gehorsam zu leisten. Und Gehorsam gilt es auch gegenüber dem Gesetz des Staates zu leisten. Die staatliche Lehre muss so lange wiederholt werden, bis sie von den Menschen als Wahrheit angenommen wird. Auch müssen die Universitäten kontrolliert werden, damit sie keine Lehren verbreiten, welche die staatliche Sicherheit gefährden könnten.

Die staatliche Sicherheit fußt bei Hobbes also auf zwei Säulen, einerseits den Gesetzen, die den Maßstab liefern, was in einem Staat als gut und böse gilt, andererseits auf pädagogisch zu vermittelnden Bürgertugenden. Es sind dies die Eigenschaften der Menschheit, die ein Zusammenleben in Frieden und Sicherheit garantieren sollen. Dazu zählen für Hobbes der Verzicht auf Grausamkeit und die Bereitschaft zu verzeihen. Die Bürger sollen im Umgang miteinander entgegenkommend sein und einander nicht beleidigen. Zudem sollen sie sich weder hochmütig noch anmaßend, sondern bescheiden geben.[33]

Die Hobbessche Theorie liefert uns die analytischen Mittel für den totalitären Staat. Sie liefert uns das Verständnis für die autokratischen Staaten, die nach dem Muster von Machiavelli und Hobbes operieren, indem sie Abweichungen gegenüber der herrschenden Doktrin im Keim zu ersticken versuchen. Dabei schrecken sie vor Grausamkeiten nicht zurück. Die Mei-

---

31 Norbert Bolz: Keine Macht der Moral! Berlin 2021. S. 93.
32 Alessandro Pinzani: Politische Tugenden bei Hobbes. S. 221. In: Hans Vorländer (Hg.), *Demokratie und Transzendenz. Die Begründung politischer Ordnungen.* Bielefeld 2013.
33 Alessandro Pinzani: Politische Tugenden bei Hobbes. S. 299.

nungen müssen kontrolliert werden. Die staatlichen Lehren müssen so lange verbreitet werden, bis sie von den Menschen als Wahrheit angenommen wird. Jene, die es wagen, dagegen zu opponieren, werden weggesperrt oder umgebracht.

Hobbes liefert gleichzeitig eine treffende Beschreibung der bürgerlich-neuzeitlichen Gesellschaft. Auf Basis seiner Prämisse, dass der Mensch des Menschen Wolf sei, muss ich meinen Mitmenschen mit Misstrauen begegnen. Des Weiteren geht Hobbes davon aus, dass der Mensch einen allgemeinen Machttrieb hat. Dies steht im Zusammenhang mit seiner Definition von Glückseligkeit. Glückseligkeit ist für Hobbes ein ständiges Fortschreiten des Verlangens von einem Gegenstand zu einem anderen. Ist ein Gegenstand erlangt, so muss der Genuss dieses Gegenstandes auch zukünftig gesichert werden: „So halte ich an erster Stelle ein fortwährendes und rastloses Verlangen nach immer neuer Macht für einen allgemeinen Trieb der gesamten Menschheit, der nur mit dem Tode endet. Und der Grund hierfür liegt nicht immer darin, dass sich ein Mensch einen größeren Genuss erhofft als den bereits erlangten, oder dass er mit einer bescheidenen Macht nicht zufrieden sein kann, sondern darin, dass er die gegenwärtige Macht und die Mittel zu einem angenehmen Leben ohne den Erwerb von zusätzlicher Macht nicht sicherstellen kann."[34] Hobbes beschreibt die Gesellschaft als ein dynamisches System, in dem jede und jeder um den Ausbau seiner Macht bestrebt ist. Damit liefert Hobbes eine analytisch fruchtbare Beschreibung der neuzeitlich-bürgerlichen Gesellschaft. Auf Basis seiner Prämisse, dass der Mensch des Menschen Wolf ist, muss ich meinen Mitmenschen mit Misstrauen begegnen. „Der Mensch ist gerade kein zoon politikon wie bei Aristoteles, sondern von Natur aus asozial."[35] Bezeichnend ist, dass diese Asozialität als Freiheit deklariert wird.

Die Erlangung von Macht und immer neuer Macht ist für Hobbes ein allgemeiner Trieb der Menschheit. Hobbes liefert auch gleich die Grundsätze der Marktgesellschaft. Der Mensch wird wie eine Ware verstanden: „Die Geltung oder der Wert eines Menschen ist wie der aller anderen Dinge sein Preis. Das heißt, er richtet sich danach, wieviel man für die Benützung seiner Macht bezahlen würde und ist deshalb nicht absolut, sondern von dem Bedarf und der Einschätzung eines anderen abhängig."

---

34 Thomas Hobbes: Leviathan oder Stoff, Form und Gewalt eines kirchlichen und bürgerlichen Staates. Hrsg. und eingeleitet von Iring Fetscher. Übers. von Walter Euchner. Frankfurt a.M. 1989 [1651]. S. 75.
35 Norbert Bolz: Keine Macht der Moral! S. 85.

„Und wie bei anderen Dingen, so bestimmt auch bei den Menschen nicht der Verkäufer den Preis, sondern der Käufer." Dies illustriert Hobbes sogleich mit der Unterscheidung von Kriegs- und Friedenszeiten. Im Krieg sind fähige Heerführer gefragt, in Friedenszeiten nicht. In Friedenszeiten sind unbestechliche Richter von hohem Wert, in Kriegszeiten nicht.

Wenn von Hobbes die Rede ist, wird immer die berühmte Formel vom Menschen als des Menschen Wolf zitiert. Weniger bis gar nicht wird hingegen erwähnt, dass die Bürgerinnen und Bürger bestimmte Tugenden brauchen, damit ein Leben in Sicherheit und Frieden möglich ist. Hobbes vertraut also nicht allein auf das Gewaltmonopol des Staates.

Zwar legt Hobbes mit seinem Leviathan die Grundlage für den neuzeitlichen Staat. In Bezug auf das Menschenbild bewegt sich Hobbes weiterhin im Rahmen des Christentums, wonach das Sinnen und Trachten des Menschen böse ist von Jugend auf. Der Sünder braucht jetzt allerdings nicht mehr Erlösung durch die Kirche, sondern seine schlechte Natur muss durch den Staat eingedämmt werden.

Von Machiavelli und Hobbes können wir mitnehmen, dass Staaten Gebilde sind, die sich selbst zu erhalten versuchen. Gefahr droht sowohl von innen wie auch von außen. Gegen andere Staaten müssen sie sich verteidigen können. Im Inneren müssen sie dafür sorgen, dass es nicht zu einem Bürgerkrieg kommt. Die verschiedenen Staatsformen versuchen dies mit unterschiedlichen Mitteln zu erreichen. Diese Mittel unterscheiden sich bezüglich des Grades der Repression. Eine hohe Repression kann zwar die Sicherheitslage erhöhen, geht jedoch auf Kosten der Freiheit der Bürgerinnen und Bürger. Meist ist die Repression verbunden mit der Verfolgung einer bestimmten Gruppe von Menschen, die als Sündenbock herhalten muss. Das Prinzip Selbsterhaltung kann auch zur Folge haben, dass sich ein Staat weitere Ressourcen sichern will und deshalb Eroberungskriege führt. Sich durch andere Staaten bedroht zu fühlen, kann ebenfalls dazu führen, einen Angriffskrieg loszutreten. Immer wieder ist dabei zu beobachten, dass Machthabende paranoide Züge entwickeln, sich von allen Seiten bedroht fühlen und aus dieser Angst heraus zum Aggressor werden. Jeder Staat muss sich auf den Polen der Achse Sicherheit versus Freiheit verorten. Zu viel Sicherheit würgt die Freiheit ab. Zu viel Freiheit führt zu Sicherheitsproblemen. Die Moral passt sich diesen Rahmenbedingungen an. In einem Klima des Misstrauens wird sich die Moral anders präsentieren als in einem Klima des Vertrauens.

Wir können diese Beschreibung auch auf das Individuum anwenden. Selbsterhaltung ist auch für das Individuum leitendes Prinzip. Für meine

Selbsterhaltung brauche ich bestimmte Ressourcen. Der Staat soll für Sicherheit, Frieden und Freiheit sorgen. Er kann dies jedoch nicht durchgängig sicherstellen. Deshalb muss ich mich auch selbst verteidigen können. Je besser die allgemeine Sicherheitslage ist, desto weniger brauche ich mir um meine eigene Sicherheit Sorgen zu machen. In einem gesicherten Umfeld bedarf es auch nicht des permanenten Misstrauens. Dies ermöglicht einen vertrauensvolleren Umgang miteinander.

Betrachten wir nun die wirtschaftlichen Rahmenbedingungen, in denen sich die Moral bewegt.

Die Wirtschaft und die Moral

Wir leben in einem kapitalistischen Wirtschaftssystem. Wir müssen uns deshalb mit den Auswirkungen der kapitalistischen Wirtschaftsordnung auf die Moral befassen.

Kapitalismus kommt von Kapital. Das Kapital ist die treibende Kraft des Wirtschaftsprozesses. Geld wird dann zum Kapital, wenn es in die Produktion von Waren investiert wird. Die produzierten Waren gilt es mit Gewinn zu verkaufen. Damit die Waren mit Gewinn verkauft werden können, müssen die Waren Käufer finden. Kapitalisten müssen also gut überlegen, wo sie ihr Geld investieren. Nur wenn genügend Käufer das Produkt kaufen, wirft die Investition Gewinn ab. Doch Gewinne locken andere Kapitalisten auf den Plan, die auch Gewinne erzielen wollen. Es werden ähnliche oder bessere Waren produziert und womöglich auch zu einem günstigeren Preis. Dies hat wiederum Vorteile für die Käufer. Als Konsumentinnen und Konsumenten sind wir natürlich darauf erpicht, gute Produkte möglichst günstig zu kaufen. Die Produzenten möchten möglichst eine gute Marge erzielen, die Konsumenten ein qualitativ möglichst gutes Produkt zu einem möglichst tiefen Preis. Produzenten und Konsumenten bedingen sich gegenseitig. Ohne Produzenten keine Konsumenten, ohne Konsumenten keine Produzenten. Der Kapitalismus ist dynamisch, ständig in Bewegung und technikaffin. Neue Techniken schaffen neue Produkte. Neue Produkte ersetzen alte Produkte. Konsumenten und Produzenten treffen sich auf dem Markt. Macht ein Unternehmen längere Zeit Verluste, verschwindet es vom Markt. Der Markt ist durch das Mittel der Preisbildung der Ort, an dem Nachfrage und Angebot aufeinandertreffen und der für eine effiziente Versorgung der Bevölkerung sorgt. So zumindest die Theorie in vereinfachter Form.

Die Warenproduktion, welche der Kapitalismus hervorbringt, ist beeindruckend. Wir sind alle froh, wenn wir in den Laden gehen können und uns mit den nötigsten Dingen eindecken können. Der Kapitalismus produziert allerdings nicht nur die lebensnotwendigen Dinge, sondern Dinge im Überfluss. Der Überfluss ergibt sich aus der kapitalistischen Logik, der Mehrung des Kapitals.

Dem Kapitalisten wird unterstellt, dass er nur aus Eigennutz handelt, um reich zu werden. Das ist zwar richtig. Er wird aber nur dann reich, wenn er mit seinen Produkten oder Dienstleistungen die Bedürfnisse einer Großzahl von Konsumenten befriedigt. Wir Konsumentinnen und Konsumenten machen die Reichen reich.

Mit der Warenproduktion wächst der Wohlstand. Irgendwer muss die Waren produzieren, d.h. irgendwer muss arbeiten. Arbeit produziert Wohlstand. Im kapitalistischen System ist es allerdings so, dass der Reichtum zwar durch Arbeit entsteht, dass die Kapitalisten aber die Möglichkeit haben, durch den Besitz von Boden und Geld Reichtum abzuschöpfen, den andere produziert haben. Ein Großteil der Einkommen der Kapitalisten lässt sich nicht auf Leistung zurückführen und ist daher unverdient. Durch den Finanzkapitalismus wurde es möglich, dass sich die Kapitalisten eine sprudelnde Quelle leistungslos erworbenen, unverdienten Einkommens erschlossen haben. Zudem haben sie es geschafft, unser Vokabular, wie wir über das Wirtschaftsleben sprechen, zu ihren Gunsten auszugestalten. Die Reichen selbst und auch weite Teile der Bevölkerung sind der Ansicht, dass die Reichen ihren Reichtum verdient haben. Sie pflegen die Erzählung, dass die reichen Menschen ihren Reichtum selbst erschaffen haben. Und wir glauben diese Geschichte, weil wir an eine gerechte Welt glauben oder reich werden wollen.

Leistung soll sich lohnen. Wer hart arbeitet, wird es zu etwas bringen. Arbeit generiert Reichtum. So lauten die moralischen Grundsätze. Formuliert werden sie meist in der negativen Form. Wer nicht arbeitet, soll auch nicht essen. Wer nicht arbeitet, schadet der Allgemeinheit. Arbeitslos zu sein, ist das Schlimmste, was dir passieren kann. Doch wer arbeitslos ist, ist selber schuld. Jeder ist seines Glückes Schmied. Ist jeder selbst seines Glückes Schmied, so ist auch jeder selbst für seine gesellschaftliche Situation verantwortlich. Die Armen sind an ihrer Armut selbst schuld, die Reichen haben sich ihren Reichtum verdient. Den Armen braucht man auch nicht zu helfen, weil sie ja an ihrer Armut selbst schuld sind.

Wir brauchen Geld, um unser Leben finanzieren zu können. Um an Geld zu kommen, müssen wir arbeiten. Im Grunde genommen sind wir alle Gefangene des Kapitals, weil wir alle für das Kapital arbeiten. Dem Kapitalismus liegt eine einfache Logik zugrunde. Mit Kapital Waren herstellen. Die Waren so verkaufen, dass mehr Kapital daraus erwächst. Und dann das Kapital wieder investieren, um damit noch mehr Kapital zu generieren. Dies ist die Wachstumslogik des Kapitals.

Wie dienen wir als Individuen dem Kapital? Sind Sie selbständig? Dann stellen Sie Waren her oder bieten eine Dienstleistung an, die Sie verkaufen müssen. Sind Sie angestellt, dann müssen Sie Ihre Arbeitskraft verkaufen. Mit dem Geld, das Sie auf die eine oder andere Weise verdienen, kaufen Sie all jene Produkte, die Sie zum Leben brauchen und je nach verfügbarem Einkommen auch jene Produkte, die Sie kaufen, um sich das Leben angenehmer zu gestalten. Wir gehen zur Arbeit und verdienen Geld. Und dann geben wir es beim Einkaufen wieder aus. Shoppen ist mittlerweile eine der wichtigsten Freizeitbeschäftigungen. Auf den ersten Blick ist es das Gegenteil von Arbeit. Beim Shoppen lassen wir andere für uns arbeiten. Wir kaufen, was andere für uns hergestellt haben. Ökonomisch betrachtet ist es allerdings egal, ob Sie arbeiten oder einkaufen. In beiden Fällen dienen Sie der Ökonomie. Wir sind Gefangene im Kreislauf von Arbeit und Einkaufen.[36]

Produktion und Konsum sind die zwei Seiten derselben Medaille. Wird nichts produziert, können wir nichts kaufen. Kaufen wir nichts mehr, versiegt die Produktion. Damit das Kapital wächst, muss die Produktion wachsen. Damit die Produkte gekauft werden, müssen die Konsumenten mittels Werbung und Marketing dazu gebracht werden, die Produkte zu kaufen. Da die Konsumenten meist mehr Konsumwünsche als Geld haben, gibt man ihnen die Möglichkeit, Kredite aufzunehmen. Sie können sich dann das Auto schon jetzt kaufen. Sie müssen einfach ein bisschen Zins auf das aufgenommene Kapital zahlen. Dies wiederum erlaubt es dem Kreditgeber, sein Kapital zu mehren. So funktioniert das Spiel von Produktion und Konsum.

Nun zunächst ist es ja gar nichts Schlechtes, wenn Güter produziert werden, die wir zum Leben brauchen und wir genügend Geld haben, um uns diese Güter zu kaufen. Arme Länder beneiden uns um diesen Reichtum. Wir sind allerdings alles andere als genügsam. Wir begnügen uns nicht mit dem, was wir haben. Wir brauchen immer mehr. Wir kaufen immer mehr, wir konsumieren immer mehr. Wir kaufen nicht nur Dinge,

---

[36] In diesem Kapitel ist vieles eingeflossen, was Robert Wringham in seinem Buch „Ich bin raus. Wege aus der Arbeit, dem Konsum und der Verzweiflung" beschrieben hat.

wir kaufen auch Erlebnisse. Wir reisen als Touristen um die ganze Welt. Wir möchten intensiv leben, wir möchten möglichst viel erleben. Täglich werden neue Produkte kreiert. Und das Neue zieht uns an. Es ist ja nicht so, dass die Produkte, die wir nicht mehr brauchen, kaputt wären. Meist funktionieren sie noch tadellos, aber sie sind nicht mehr auf dem neusten Stand der Technik oder entsprechen nicht dem, was jetzt gerade in ist. Erste Gegenbewegungen sind sichtbar. Es soll Leute geben, die in unserer reichen Warenwelt mit weniger als 100 Dingen auskommen. Doch das sind noch Randerscheinungen. Wir konsumieren, was das Zeug hält. Und mit all diesen Dingen, die wir jahraus und jahrein kaufen, halten wir die Wirtschaft in Schwung und ermöglichen all den Unternehmen, welche diese Dinge herstellen, Gewinne zu erzielen. Ich nehme mal an, dass den meisten von uns am Ende des Monats nicht viel Geld übrigbleibt. Und das gilt etwa nicht nur für Leute mit kleinem Lohn, das gilt auch für die Mittelschicht. Kaum verdienen wir mehr, geben wir auch wieder mehr aus. Wir nehmen uns eine größere Wohnung, wir kaufen uns schönere Kleider, machen teurere Ferien, wir nehmen uns bessere Hotels, wir essen in teureren Restaurants. Und wen bezahlen wir damit? All jene, die uns diese schönen Dinge anbieten. Und welchen Preis bezahlen wir dafür?

Wir arbeiten. Das heißt, wir stellen unsere Lebenszeit jenen zur Verfügung, die uns bezahlen. Wir strömen morgens früh aus unseren Häusern, quetschen uns in die überfüllten Trams und Züge, um an unseren Arbeitsplatz zu kommen oder stehen mit dem Auto im Stau. Am Arbeitsplatz müssen wir dann produktiv sein. Resultate erzielen, Waren oder Dienstleistungen herstellen und verkaufen. Nach den Regeln des Kapitals, d.h. mit möglichst wenig Aufwand, möglichst hohe Erträge erzielen. Die Kosten müssen gesenkt werden, Investitionen müssen sich rentieren. Unser ganzes Arbeitsleben und auch unser Konsumverhalten sind von ökonomischen Kalkülen durchdrungen. Am Wochenende müssen wir dann chillen und geben das Geld, das wir mühsam verdient haben, wieder aus.

Ich kann das ja verstehen, bei mir zu Hause hängt der Spruch: Wer meint, man könne Glück nicht kaufen, war noch nie shoppen. Das Blöde ist nur, dass dieses Glück meist nicht allzu lange anhält und es ständiger Wiederholung braucht. Und zu allem Übel muss man die Dosis ständig steigern. Lassen Sie es mich klar sagen: Wir sind Süchtige, wir sind Konsumsüchtige.

Wir befinden uns im Gefängnis des Kapitalismus. Aber zumindest für uns ist es ein schönes, ein luxuriöses Gefängnis. Aber manchmal sehen wir vielleicht, wie es in den Gefängnissen aussieht, die nicht so luxuriös ausgestattet sind. Und wie unser Luxus-Gefängnis mit jenen Gefängnissen zusammenhängt, in denen Gewalt, Hunger, Krieg und Tod herrscht. Wir ahnen, dass wir mit dem Kapitalismus einen teuflischen Pakt geschlossen haben, dass wir unsere Seele für unseren Wohlstand verkauft haben.

Der Soziologe Stephan Lessenich beschreibt in seinem Buch mit dem treffenden Titel «Neben uns die Sintflut», wie der Westen die negativen Aspekte seiner Lebensweise in die ärmeren Weltgegenden auslagert. Wir mehren hier unseren Wohlstand und halten andere Länder davon ab, dasselbe zu tun. Wir leben nicht nur über unsere Verhältnisse, sondern wir leben über die Verhältnisse der anderen. Lessenich verschärft damit das, was Thomas Pikettys Abhandlung über «Das Kapital im 21. Jahrhundert» untersucht hat, dass der Reichtum der Reichen im Vergleich zum Wirtschaftswachstum überdurchschnittlich wächst. Und dass dieser Reichtumszuwachs nicht auf Leistung beruht, sondern auf der Verwertung ererbten Kapitals. Lessenich zeigt, dass sich diese Struktur nicht nur national, sondern im Weltmaßstab etabliert hat. Der Reichtum der reichen Länder ist nicht dem Fleiss ihrer Bürgerinnen und Bürger geschuldet, sondern ergibt sich aus der strategischen Position in der Weltökonomie und der Verwertung ihres damit gegebenen historisch ererbten Kapitals. Die Ungleichheit in der Welt ist noch grösser als die Ungleichheit in Brasilien, einem der ungleichsten Länder der Welt.

Allerdings wollen wir das nicht wahrhaben. Wir wollen davon nichts wissen, weil es unsere Lebensweise infrage stellt. Wir reden uns dann ein, dass es den Armen ja auch besser geht, wenn die globale Wirtschaft wächst. Und das stimmt ja auch. In China konnte sich eine betrachtliche Zahl von Menschen aus bitterer Armut befreien. Notabene, indem sich China als die Werkbank des Westens etablierte. Wirtschaftswachstum ist somit etwas Gutes. Es nützt auch den Armen.

Es ist dem Kapital gelungen, uns in dieser Wohlstands- und Konsumkultur einzulullen. Nicht nur was unser Handeln betrifft, sondern auch was unser Denken betrifft. Wie ist ihm dies gelungen? Der Kapitalismus schafft es in beeindruckender Weise, unser Denken zu kolonialisieren. Ein wesentlicher Aspekt dabei ist die politische Kommunikation. Politischer Kommunikation geht es um die Durchsetzung von Interessen. Um Interessen wirksam durchsetzen zu können, müssen sie diese allerdings verschleiern. Insbesondere der Gegensatz von Kapital und Arbeit muss verschleiert und darf nicht in das Bewusstsein der Öffentlichkeit gelangen.

Ohne Arbeit kein Geld. Ohne Geld kein Leben. Verlieren wir unsere Arbeit, sind wir existenziell bedroht. Und Reichtum lässt sich nur durch

Arbeit herstellen. Was dabei aber ausgeblendet wird, ist die Tatsache, dass die Kapitalisten nicht arbeiten müssen, sondern arbeiten lassen. Vorgeführt werden uns natürlich die hart arbeitenden Manager, die auch noch viel verdienen. Und die uns ein Lied davon singen, wie sich Leistung lohnt. Weniger vorgeführt werden die Eigentümer dieser Firmen, die nicht arbeiten müssen, sondern arbeiten lassen. Sobald in Abstimmungen mit dem Verlust von Arbeitsplätzen gedroht wird, stimmen die Bürgerinnen und Bürger für die Interessen des Kapitals. Und da ist es dann egal, ob es um Kriegsmaterial, Tabak, Glücksspiel oder die Bewerbung von Alkohol geht. Was verständlich ist, denn ohne Arbeit kein Geld, kein Konsum, kein Überleben. Und wir müssen feststellen, dass sich mit Waffenexporten, die zu Toten führen, mit Raucherwaren, die zu Krebserkankungen führen, mit Konsumkrediten, die zu Überschuldung und zu zerrütteten Familien führen, mehr Geld verdienen lässt als mit der Rettung des Klimas.

Aber auch die Reichen sind von der Arbeit abhängig. Wenn nicht mehr gearbeitet wird, bricht der Wohlstand zusammen. Und da die Kapitalisten davon ausgehen, dass das Volk faul ist, d.h. nicht arbeiten würde, wenn es nicht existenziell bedroht wäre, werden sie einen Teufel tun, um die Menschen von der existenziellen Bedrohung zu befreien. Und weil sie davon ausgehen, dass das Volk faul ist, müssen sie dafür sorgen, dass wir alle arbeiten.

Und wieso denken die Reichen, dass das Volk faul ist? Ganz einfach: weil es eben Arbeit gibt, die man nicht gerne macht, die mühsam, anstrengend und schweißtreibend ist. Es ist ja nicht so, dass es nicht Arbeit gibt, die wir gerne machen. Aber es gibt eben Arbeit, die mühsam, anstrengend und wenig erfreulich ist. Und von wem wird diese Arbeit geleistet? Richtig, von denen, die um ihr Überleben kämpfen müssen.

Wie die Geschichte zeigt, hält sich das Erbarmen der Reichen für die Armen in engen Grenzen. Das Kapital will schutzlose Arbeiter, deregulierte Märkte und willige Konsumenten. Seit dem Zusammenbruch des Kommunismus und im Zuge der damit verbundenen Globalisierung kann das Kapital Arbeitnehmer auf der ganzen Welt anstellen und sie zu einem möglichst niedrigen Lohn – sprich Hungerlöhnen – und zu möglichst billigen Arbeitsbedingungen – sprich katastrophalen Arbeitsbedingungen – beschäftigen. Manchmal greift der Staat ein, um diesem Gebaren ein Ende zu setzen. In vielen Fällen aber auch nicht. Denn die Staaten sind ebenfalls vom Kapital abhängig. Sie sind gezwungen für das Kapital gute Rahmenbedingungen zu schaffen, denn sonst wandert das Kapital ab. Wandert das Kapital ab, wandert die Produktion ab, wandert die Produktion ab, gehen Arbeitsplätze verloren. Gehen Arbeitsplätze verloren, haben die Arbeitnehmer weniger Geld zur Verfügung. Haben sie weniger Geld zur Verfügung, können sie nicht mehr so viel konsumieren. Und da immer weniger produziert wird, gibt es auch immer weniger zu konsumieren. Da immer weniger konsumiert wird, wird immer weniger produziert. Die Abwärtsspirale läuft.

Das Kapital bestimmt nicht nur die Art der Warenproduktionen und deren Vermarktung. Das Kapital dominiert die Politik und höhlt damit die Grundidee der Demokratie aus. Durch die Veröffentlichung der Panama Papers wurde offensichtlich, dass sich die Reichen und Superreichen der Verantwortung für das Gemeinwohl entziehen. Aber das hatte Null Konsequenzen. Es ist der Weltgemeinschaft bislang nicht gelungen, die von den Superreichen genutzten Steueroasen trockenzulegen. Während das Vermögen der Reichen im Vergleich zum Wirtschaftswachstum überdurchschnittlich wächst, sehen sich die unteren Schichten der Bevölkerung mit einer sinkenden Kaufkraft konfrontiert. Dies schürt das Unbehagen gegenüber den ökonomischen und politischen Eliten und ist wohl einer der wichtigsten Gründe für den rasanten Aufstieg von Populisten in den westlichen Demokratien.

Die gegenseitige Verflechtung von Ökonomie und Politik dient nicht den Interessen der breiten Bevölkerung, sondern den Interessen der herrschenden Klassen. Es verwundert daher nicht, wenn die Kritik an der Demokratie wächst. Besonders wenn die konstatierte Ungleichheit als ungerecht wahrgenommen wird. Politik und Wirtschaft begünstigen sich gegenseitig und koppeln sich von der Basis ab.

Nicht nur setzt der Staat die Rahmenbedingungen für die Moral, sondern auch für die Art und Weise, wie wir wirtschaften. Der Kapitalismus mit seiner Profitlogik greift auf alle Lebensbereiche über. Der Kapitalismus fördert nicht nur den Egoismus in jedem von uns. Egoismus ist der Kern des Systems. Nicht umsonst wurde in den Wirtschaftswissenschaften versucht, alles mit dem *homo oeconomicus* zu erklären. Der homo oeconomicus unterzieht alles dem rationalen Nutzenkalkül. Selbst Tugenden wie Altruismus, Großzügigkeit werden im Sinne des Egoismus uminterpretiert. Altruistisch und großzügig ist man nur, um sich selbst gut zu fühlen. Es geht gar nicht um den anderen. Das Bild vom Menschen, der im Grunde schlecht ist, und nur auf seinen eigenen Vorteil bedacht ist, ist somit auch die Basis unseres Wirtschaftssystems und nicht nur unseres Staatssystems.

Um in der kapitalistischen Wirtschaftsordnung erfolgreich zu sein, ist Moral hinderlich. Um auf der Karriereleiter aufzusteigen, kann es je nach

Arbeitskultur vonnöten sein, seine Berufskolleginnen und -kollegen auszustechen. Im Kampf um begehrte Chefpositionen wird mit harten Bandagen gekämpft. Um in diesem Kampf bestehen können, braucht es bestimmte Eigenschaften. Um seine eigenen Interessen durchzusetzen, sind moralische Forderungen hinderlich. Rationales Kalkül, ausgesprochene Nutzenorientierung und strategisches Denken sind wichtige Faktoren, um zu reüssieren. Zudem ist die Imagepflege zentral. Es gilt, die eigenen Interessen zu verschleiern. Wer über gute Menschenkenntnis verfügt, kann sie zu seinem eigenen Vorteil einsetzen. Meine Mitmenschen im Berufsumfeld werden Mittel zum Zweck. Das Wohl der anderen interessiert mich nur, wenn es gleichzeitig meinen eigenen Zielen dienlich ist. Skrupel sind nur hinderlich. Doch die Skrupellosigkeit sollte nach Möglichkeit nicht offensichtlich sein. Es ist besser, moralisch integer zu scheinen, als zu sein. Meine wahren Interessen müssen verborgen bleiben.

Wir haben es hier mit dem klassischen Egoisten zu tun. Auf dem Weg nach oben sind ihm alle Mittel recht. Dabei gibt es zwei Ausprägungen. Die einen versuchen ihren Egoismus zu verschleiern. Dies ist die smartere Form. Den anderen ist ihre Reputation egal, solange sich diese nicht gegen sie wendet. Sie setzen sich nicht nur über moralische Regeln hinweg, sondern scheuen sich auch nicht, gegen Gesetze zu verstoßen, wenn sie sich daraus einen Vorteil erhoffen und das Risiko, erwischt zu werden, nicht allzu hoch einschätzen. Manchmal verschätzen sie sich dabei. Davon profitiert dann die Presse.

In der Psychologie gibt es das Modell der dunklen Tetrade. Diese besteht aus den Persönlichkeitsmerkmalen Narzissmus, Machiavellismus, Psychopathie und Sadismus. Narzissten beziehen alles auf sich. Sie gieren nach Anerkennung und müssen immer im Mittelpunkt stehen. Kritik vertragen sie nicht. Sie können sich gut präsentieren und ziehen damit andere in ihren Bann. Für andere interessieren sie sich nur, wenn diese ihre Grandiosität bestätigen oder sie ihnen sonst nützlich sind. Moral stört dabei nur, da Moral sich auch um die Interessen und das Wohl anderer kümmert. Den Machiavellisten haben wir bereits in anderem Zusammenhang kennengelernt. Bei ihm stehen das Machtstreben und der Machterhalt im Vordergrund. Dafür sind ihm alle Mittel recht. Moralische Bedenken stehen da nur im Wege. Psychopathen sind äußerst manipulativ, nutzen andere gnadenlos aus, kennen keine Skrupel und keine Verantwortung. Der Sadist zieht seine Lust aus dem Quälen anderer. Da gibt es jene, die ihre Opfer sexuell missbrauchen und töten. Mobbing ist auch eine Form von Sadismus. Ebenso alle Formen von Tierquälerei. Auch hier ist die

Moral ausgesetzt. Untersuchungen haben gezeigt, dass die dunkle Tetrade bei Gefängnisinsassen ausgeprägter ist. Es verwundert daher nicht, wenn Putin Kriminelle für seinen Ukrainekrieg aufbietet. Doch nicht nur in Gefängnissen ist die dunkle Tetrade ausgeprägter, sondern auch in den hohen und höchsten Chefetagen.

Das Ganze lässt sich auch auf die kollektive Ebene verlagern. Die Reichen und Mächtigen sind bestrebt, die staatlichen Strukturen zu ihren Gunsten einzurichten. Am besten so, dass die breite Masse davon nichts mitbekommt.

Da wir alle an diesem System teilnehmen, ja teilnehmen müssen, ist uns dessen Logik in Fleisch und Blut übergegangen. Wir hinterfragen es nicht, wir nehmen es hin, wir arrangieren uns damit. Wer sich dagegen auflehnt, wird als naiv angesehen. Schließlich funktioniert unsere Welt nun mal so. Weil sich alle damit arrangieren, bestimmt es unser Verhalten und damit auch unsere Moral. Doch spüren wir insgeheim, dass es sich um eine korrumpierte Moral handelt. Das verträgt sich schlecht mit unserem Bedürfnis nach moralischer Integrität. Die Folge davon ist, dass wir uns das Ganze schönreden, verharmlosen oder negieren.

Der Kapitalismus zeichnet sich durch unerhörte Flexibilität und Anpassungsfähigkeit aus. Langsam dämmert auch in Finanzkreisen, dass die Klimakatastrophe auch das Ende des Kapitalismus bedeuten könnte. Der Finanzkonzern BlackRock hat beispielsweise begonnen, seine Anlagestrategie anzupassen. Er zieht seine Investitionen in Kohle, Öl und Gas ab und setzt vermehrt auf erneuerbare Energien. Sie tun dies natürlich nicht aus moralischen Überlegungen, sondern aus Eigeninteresse. Wenn die Lebensgrundlagen zerstört sind, gibt es auch nichts mehr zu verdienen. Offenbar nehmen in den USA die Republikaner den Konzern bereits als zu links war.[37] Wenn potente Wirtschaftsunternehmen sich der Klimaneutralität verschreiben würden, wäre das sicher eine gute Sache. Ob es allerdings reicht, um so zentrale Player wie die USA, China und Indien dazu zu bringen, sich der Rettung der Menschheit zu verschreiben, ist zumindest beim aktuellen Stand der Dinge mehr als fraglich. Aber wer weiß, zu was der Kapitalismus noch fähig ist. Ich bin schon fast versucht zu schreiben: Kapitalisten aller Länder vereinigt euch zur Rettung der Menschheit.

Seien wir nicht ungerecht. Auch was die Kapitalisten betrifft, lohnt es sich, Unterscheidungen vorzunehmen. Es gibt nicht nur die geldgierigen,

---

37 Vgl. Robert Pausch und Mark Schieritz; Warum holt sich Habeck eine Heuschrecke in sein Ministerium? Die „Zeit" vom 24. November 2022, S. 8.

auf Profitmaximierung ausgerichteten Kapitalisten. Es gibt auch Kapitalisten, die ihr Kapital zum Wohle ihrer Angestellten und der Allgemeinheit einsetzen.

Eine weitere Differenzierung scheint mir angebracht. Wir müssen zwischen Kapitalismus und Marktwirtschaft unterscheiden. Eine Marktwirtschaft muss nicht zwingend kapitalistisch sein. Bei der Marktwirtschaft treffen Angebot und Nachfrage aufeinander und bilden so die Basis für die Preisbildung. Neuere Untersuchungen zeigen zudem, dass effiziente Märkte nicht den Eigennutz, sondern Fairness und Zusammenarbeit zwischen Menschen fördern.[38] Märkte korrumpieren also nicht die menschliche Moral. Wenn es nicht die Märkte sind, die die Menschen korrumpieren, dann muss es wohl das Kapital sein. Wie eine Marktwirtschaft ohne Kapitalismus aussehen könnte, hat Roland Wirth in seinem Buch „Marktwirtschaft ohne Kapitalismus" ausgeführt. Darin wird Silvio Gesells Wirtschaftstheorie einer genaueren Betrachtung unterzogen. Auf Silvio Gesells Theorie basiert auch das Wunder von Wörgl. Während der Wirtschaftskrise in den 30er Jahren setzte der Bürgermeister von Wörgl Michael Unterguggenberger die Theorie erfolgreich in die Praxis um. Wörgl begann wirtschaftlich zu florieren. Dazu gibt es den sehenswerten Film „Das Wunder von Wörgl" von Urs Egger.

Das Menschenbild und die Moral

Was ist der Mensch? Ist der Mensch im Grunde gut oder böse? Es ist dies die Frage nach dem Menschenbild. Welches Bild haben wir vom Menschen? Welches Bild des Menschen prägt eine Gesellschaft? Sowohl dem Staat wie auch der Wirtschaft liegen unterschiedliche Menschenbilder zugrunde. Wie wir in den beiden vorangehenden Kapiteln gesehen haben, gehen sowohl das Christentum, die Theorien von Thomas Hobbes und Niccolò Machiavelli und auch das kapitalistische Wirtschaftssystem von einem negativen Menschenbild aus. Der Mensch ist im Grunde schlecht und egoistisch. Gegen diese negative Sicht des Menschen gab es bereits zu Zeiten von Hobbes Einspruch. Der bekannteste Einspruch stammt von Jean-Jacques Rousseau:

---

38 Armin Müller: Wenn Grönländer Marx widerlegen. Sonntagszeitung vom 1. Januar 2023. S 41.

Alles ist gut, wie es aus den Händen des Schöpfers kommt; alles entartet unter den Händen des Menschen.[39]

Im zweiten Teil des Satzes klingt Rousseaus Kultur- und Gesellschaftskritik an. So hat er in seiner Abhandlung über die Wissenschaft und die Künste die Preisfrage der Akademie von Dijon, ob der Wiederaufstieg von Wissenschaft und Kunst seit der Renaissance auch die Sittlichkeit und die Glückseligkeit des Menschen gefördert habe, negativ beantwortet. Das Vorwort, das er nach Erlangung des Preises geschrieben hat, beginnt mit den Sätzen: „Hier haben wir eines der großen, der schönsten Probleme vor uns, die jemals aufgeworfen worden sind. Es handelt sich in diesem Diskurs nicht um jene metaphysischen Spitzfindigkeiten, die alle Bereiche der Literatur erobert haben, und von denen auch die Akademieprogramme nicht immer frei sind. Es handelt sich vielmehr um eine jener Wahrheiten, an denen das Glück der Menschheit hängt. Ich sehe voraus, dass man mir schwerlich verzeihen wird, welche Partei ich zu ergreifen wagte. Da ich alles vor den Kopf stoßen werde, was heute die Bewunderung der Menschen bildet, kann ich nur eine allseitige Missbilligung erwarten."[40]

Wissenschaften und Künste haben nicht nur nichts zur Läuterung der Sitten beigetragen, sondern sogar deren Verfall befördert. So lautet die provokative These Rousseaus. Seine Zeit war geprägt durch einen fast unerschütterlichen Fortschrittsoptimismus. Diesem trat Rousseau entschieden entgegen. In dem Masse, wie die Wissenschaft Fortschritte erzielte, erfolgte der moralische und sittliche Zerfall: Der Gemeinschaftssinn wird zerstört, überall herrscht Neid, Heuchelei und Zwietracht, die Fundamente des Glaubens werden zerstört. Zum Beweis führt Rousseau einige Beispiele aus der Geschichte an. So folgte auf den kulturellen Aufstieg der griechischen Aufklärung in Athen der geistige und politische Zerfall, während Sparta, das seine Dichter und Künstler davonjagte, zu heroischen Taten fähig war. Auch einige Weise vermochten sich dem kulturellen Zerfall zu entziehen, so zum Beispiel Sokrates, der kaum ein Verfechter der Vielgelehrsamkeit gewesen wäre. Während Politiker in der Antike vornehmlich von Tugend und Sitten sprachen, sprechen die gegenwärtigen Politiker nur noch von Geld und Handel. Die Philosophen zerstören mit ihren wilden Diskussionen die Fundamente des Glaubens. Die Erziehung bringe den Kindern alles Mögliche bei, bloß nicht Tugend und Pflichtgefühl.

---

39 Jean-Jacques Rousseau: Emil oder über die Erziehung. Paderborn, München, Wien, Zürich 1971 [1762], S. 9
40 Jean-Jacques Rousseau: Über Kunst und Wissenschaft, Hamburg 1983 [1750]. S 3

In der Abhandlung über den Ursprung der Ungleichheit unter den Menschen beschreibt Rousseau einen hypothetischen Naturzustand. Dieser Naturzustand stellt eine Art ideales Menschenbild dar, an dem der Zustand einer Gesellschaft beurteilt werden kann. Ausgehend von diesem Naturzustand entwickelt Rousseau in vier Phasen die Evolution des Zerfallsprozesses. Rousseau betont ausdrücklich, dass es sich hier nicht um einen geschichtlichen Entwicklungsprozess handelt, auch wenn er häufig Anleihen bei Naturvölkern macht. Ausgangspunkt ist die Feststellung, dass das Wesen des Menschen aus Natur und Kultur besteht und dass das Problem genau darin besteht, unterscheiden zu können, was am Menschen Natur und was Kultur ist. So wirft Rousseau Hobbes vor, dass er den gegenwärtigen Zustand der Gesellschaft zum Naturzustand erkläre, während für Rousseau der Zustand des Krieges aller gegen alle erst in der dritten Phase der Entwicklung erfolgt. Widmen wir uns den Phasen im Einzelnen.

Im Naturzustand finden wir den edlen Wilden. Rousseaus Grundthese lautet ja, dass der Mensch ursprünglich gut und unverdorben ist und dass sich dieser ursprünglich gute Zustand durch den Prozess der Vergesellschaftung allmählich ändert. Zu den Eigenschaften des Menschen im Naturzustand gehört zunächst, dass er allein ist und dass der Zustand des Alleinseins nicht etwa unnatürlich ist. Im Unterschied zum Tier fehlt ihm die Instinktsicherheit. Er hat aber durch seine Fähigkeit zur Vervollkommnung die Möglichkeit, sich alle Instinkte der Tiere anzueignen. Primär ist der Mensch ein fühlendes und nicht ein denkendes Wesen. Der Mensch im Naturzustand ist um seine Selbsterhaltung bemüht, ist aber auch zum Mitleid fähig. Es ist ihm unerträglich, andere fühlende Wesen leiden zu sehen.

Die Fähigkeit zur Vervollkommnung kommt dem Menschen nicht nur als Individuum, sondern auch als Gattung zu. Diese Fähigkeit ist es auch, die den Menschen aus seinem Naturzustand herausdrängt und somit eine mögliche Quelle von Übeln darstellt. Anhand dieser Bestimmungen des Menschen im Naturzustand kann Rousseau nun seine ersten Hiebe gegen die Gesellschaft austeilen. So spottet er über die Philosophen, die zwar schlaflose Nächte wegen des desolaten Zustand der Gesellschaft haben, sich aber nicht dazu verpflichtet sehen, noble Herren, die gerade dabei sind, sich gegenseitig zu erwürgen, voneinander zu trennen. Überdies töten sie das Mitleid, das sie aufgrund des Elends in den Straßen ergreift, durch subtile Argumentation ab.

In der zweiten Phase der Entwicklung entsteht die Familienbande. Mann und Frau beginnen sesshaft zu werden. Es entstehen die ersten Eigentumsbildungen. Der Mensch bekommt ein Gefühl für seinen Wert. Er spürt, dass er dem Tier überlegen ist und es entsteht so etwas wie Stolz. In der Gruppe werden die ersten moralischen Regeln aufgestellt, die es mit sich bringen, dass deren Übertretung geahndet wird. Trotz der Entstehung von negativen Gefühlen hält Rousseau diesen Zustand für den glücklichsten, da hier der beste Ausgleich zwischen Natur und Kultur besteht und da der Mensch sich hier nicht mehr im Zustand der Unschuld befindet, sondern diesen verlassen hat und damit erst eigentlich Mensch wird.

Die Balance zwischen Natur und Kultur hält allerdings nicht lange. Aufgrund natürlicher Ungleichheit, die auf Körperstärke, Körpergröße, Alter und Geschicklichkeit zurückgeht, entsteht die Arbeitsteilung. Der eine macht dies besser, der andere das. Die zunehmende Spezialisierung führt nun dazu, dass die Menschen ihre wirtschaftliche und letztlich auch ihre geistige Autonomie verlieren. Der Mensch stellt fest, dass er ohne die anderen unmöglich existieren kann. Jeder muss nun Fähigkeiten aufweisen, die ihn für die Gesellschaft nützlich erweisen. Wer diese Fähigkeiten nicht aufzuweisen hat, muss wenigstens den Anschein erwecken, dass er sie hat. Es reißt sich zunehmend die Kluft zwischen Sein und Schein auf. Die Menschen verlieren ihre geistige Unabhängigkeit, da sie sich ständig fragen, was die anderen wohl über sie denken. Der Selbsterhaltungstrieb pervertiert allmählich zur Selbstsucht. Die Annehmlichkeiten, die sich aufgrund der Arbeitsteilung ergeben, werden bald nicht mehr als solche wahrgenommen. Der Mangel der Bequemlichkeit wird als schmerzlicher empfunden, als deren Besitz angenehm. So entstehen neue Leidquellen. Es bildet sich immer mehr ein egoistisches Verhalten aus, in dem Habsucht, Gier, Neid, Täuschung, Hass und Übervorteilung zu zentralen Inhalten werden. Rousseau bestreitet nicht, dass die Marktgesellschaft im Interesse aller sei, da sie doch Wohlstand hervorbringe. Es sei zwar richtig, dass Tauschgeschäfte für beide Seiten vorteilhaft sind. Diese Tatsache werde jedoch dadurch überschattet, dass zu jedem ehrlichen Geschäft ein unehrliches Geschäft zu finden sei, das bedeutend mehr Gewinn abwirft. So bedeute der Untergang eines Handelsschiffs für den einen zwar Verlust, andere würden aber davon profitieren. Privilegien gingen auf Kosten anderer. Phase drei erweise sich als höchst unangenehme Situation, da sie den Krieg aller gegen alle darstelle. Da dieser Zustand auch für die Reichen unangenehm sei, kämen sie auf die Idee, einen Gesellschaftsvertrag zu konzipieren, in dem Rechte und Pflichten für alle festgelegt werden. Damit beginne die vierte Phase und in diese falle auch die Entstehung des Staates. Die Ausbildung des Rechts stellt für Rousseau aber nicht die Gerechtigkeit sicher, sondern sie zementiert bloß die bestehende ungerechte Gesellschaftsordnung. Der Krieg aller gegen alle schwelt unter der Maske von Recht und Ordnung weiter. Der offene Krieg wird zu einem sozialen Krieg.

In eine ähnliche Richtung wie Rousseau zielt Hugo Grotius. Dieser hatte ebenfalls die Religionskriege vor Augen. Er definiert den Menschen primär als geselliges Wesen.

> *Wir sind Geschöpfe, die ohne Interaktion mit anderen Menschen nicht gedeihen können – und zwar nicht irgendeine Art von Interaktion, sondern ein gemeinsames Leben, das friedlich und wechselseitig sowie auf intelligente Weise organisiert ist.*[41]

Martha Nussbaum beschreibt die Argumentation von Hugo Grotius wie folgt:

> *Denke an ein Leben ohne moralische Geselligkeit, und du wirst feststellen, dass es nicht nur ein Leben ist, in dem die charakteristischen Aktivitäten eines Menschen nicht vorkommen, sondern deshalb auch ein Leben, das du selbst nicht befürworten könntest, ohne dir Gewalt anzutun. Stellen wir uns ein geselliges Wesen vor, das mit moralischen Fähigkeiten ausgestattet ist und mit anderen solchen Wesen in Frieden leben möchte. Wir begreifen sogleich, dass ein solches Wesen Gesetze benötigt, um solche friedlichen Beziehungen aufbauen zu können.*[42]

Die Lehre vom Menschen als des Menschen Wolf stellt auch Marshall Sahlins in Frage. Sahlins ist Sozialanthropologe. Das westliche Menschenbild sei durch eine einzigartige Verteufelung der menschlichen Natur gekennzeichnet. Er schreibt:

> *Seit mehr als zwei Jahrtausenden werden die Menschen des sogenannten Westens vom Phantom ihres eigenen inneren Wesens heimgesucht: vom Schreckgespenst des gierigen und Streit suchenden Menschen, der, wenn er nicht auf irgendeine Art und Weise der Herrschaft unterworfen wird, die Gesellschaft unweigerlich in die Anarchie stößt.*[43]

Der Westen gehe von einem Gegensatz zwischen Natur und Kultur aus. Akzentuiert wird diese Sichtweise durch die Lehren vom genetischen De-

---

41 Zitiert nach Martha Nussbaum: Kosmopolitismus. Darmstadt 2020, S. 143.
42 Martha Nussbaum: Kosmopolitismus. Darmstadt 2020. S. 144.
43 Marshall Sahlins: Das Menschenbild des Westens – Ein Missverständnis? Berlin 2014. S. 9.

terminismus, vom egoistischen Gen und vom *homo oeconomicus*, der sich nur um die Befriedigung eigener Bedürfnisse kümmert.

Rutger Bregman hat der Thematik ein ganzes Buch gewidmet. Darin führt er aus, dass die Menschen in Katastrophensituationen nicht in einen gewalttätigen Zustand verfallen, sondern sich im Gegenteil gegenseitig unterstützen. Es herrscht die irrige Vorstellung vor, dass die Zivilisation nur eine dünne Schicht sei, die in der Krise rasch zerbreche und die Gesellschaft in die Barbarei abdriften lasse. Diese Vorstellung wird auch als Fassadentheorie bezeichnet. Die kooperative und solidarische Gesellschaft ist nur eine Fassade. Wenn es hart auf hart geht, bricht diese zusammen. Wie soziologische Studien nachgewiesen haben, stimmt diese Theorie nicht. Sie hält sich aber hartnäckig. Sie hält sich deshalb so hartnäckig, weil Machthaber und Staatsführer sich diese Theorie zu eigen gemacht haben. Sie gehen davon aus, dass die Menschen von Natur aus schlecht sind, wie es Hobbes beschrieben hat. Bregmann schreibt: „Könige und Diktatoren, Gouverneure und Generäle glauben, dass die einfachen Menschen egoistisch sind, weil sie selbst es so oft sind. Sie greifen zur Gewalt, weil sie etwas verhindern wollen, das sich allein in ihrer Phantasie abspielt."[44] Hinzu kommt noch der Umstand, dass je mehr Leute an die These glauben, dass der Mensch im Grunde genommen schlecht ist, desto mehr sich dies als sich selbst erfüllende Prophezeiung erweisen kann. Das Ganze wird durch die Nachrichten befördert, in denen Unfälle, Verbrechen, Skandale und Katastrophen die Berichterstattung beherrschen. Rutger Bregman hat deshalb versucht, seinen Nachrichtenkonsum einzuschränken und sich mehr auf Geschichte, Psychologie und Philosophie zu konzentrieren. Doch siehe da, auch in diesen Gebieten herrscht das negative Menschenbild vor. Was die Philosophie betrifft, so erachtet Bregman selbst die Aufklärung dem negativen Menschenbild verhaftet. Es braucht die rationale Vernunft, um die irrationalen Triebe des Menschen unter Kontrolle zu halten. Es braucht den Staat, um das Volk im Zaune zu halten.

Hier drängt sich folgende Vermutung auf: Bestimmte Verfahren, die Menschen in Machtpositionen bringen, sind mangelhaft in dem Sinne, dass sie einen Typus Mensch hervorbringen, der sich nicht um die Belange der Bevölkerung, sondern nur um die eigenen Belange kümmert. An prominenten Beispielen fehlt es nicht. Die Liste der Diktatoren und Tyrannen in der Menschheitsgeschichte ist lang. Erinnert sei an Mao Zedong, Adolf

---

44 Rutger Bregman: Im Grunde gut, Hamburg 2020. S. 24.

Rahmenbedingungen der Moral

Hitler und Josef Stalin, um nur ein paar wenige aus dem 20. Jahrhundert zu erwähnen.

Die Erzählung vom egoistischen, schlechten Menschen ist weit verbreitet und wird immer wieder befeuert. Aber warum reden wir uns Menschen schlecht? Entspricht sie denn unserer Alltagserfahrung? In welchen Situationen verhalte ich mich egoistisch? In welchen Situationen bin ich nur auf meinen eigenen Vorteil bedacht, ohne die Berücksichtigung der Interessen anderer? Geht es nicht darum, ein Gleichgewicht zu finden zwischen meinen Interessen und den Interessen anderer? Ginge es nicht darum, unsere Welt so einzurichten, dass es uns allen besser geht? Sind staatliche und wirtschaftliche Ordnungen nicht dazu da, diesem Ziel zu dienen? Oder dienen Staat und Wirtschaft nur einer herrschenden Elite?

Moralische Verflechtungen

Macht und Moral – Moral und Macht

Staatliche und wirtschaftliche Machtträger setzen sich nicht selten über die gängige Moral hinweg. Friedrich Nietzsche hat dazu die Theorie geliefert. Von ihm stammt die Unterscheidung von Herren- und Sklavenmoral. Nietzsche schreibt:

Vielmehr sind es die Guten selber gewesen, das heißt die Vornehmen, Mächtigen, Höhergestellten und Hochgesinnten, welche sich selbst und ihr Tun als gut, nämlich als ersten Ranges empfanden und ansetzten, im Gegensatz zu allem Niedrigen, Niedrig-Gesinnten, Gemeinen und Pöbelhaften.

Das Pathos der Vornehmheit und Distanz, das dauernde und dominierende Gesamt- und Grundgefühl einer höheren herrschenden Art im Verhältnis zu einer niederen Art, zu einem „Unten" - das ist der Ursprung des Gegensatzes „gut" und „schlecht".[45]

Nietzsche beklagt den Niedergang der aristokratischen Moral, der in der Folge zur Unterscheidung egoistisch – unegoistisch führt. Aristokraten verstanden sich als gut, vornehm, mächtig, schön, glücklich und gottgeliebt. Das Judentum und Christentum haben die Umkehrung gewagt, wonach die Elenden, die Armen, die Ohnmächtigen, die Niedrigen, Kranken, Entbehrenden und Hässlichen allein die Guten seien. Das Christentum ist die Moral der Zukurzgekommenen und macht sie zum moralischen Standard für alle. Mit diesem Sklavenaufstand der Moral entsteht auch das Ressentiment. Die Sklaven können ihre Rache nicht ausagieren und müssen sich deshalb auf eine imaginäre Rache beschränken. Die Sklavenmoral erfindet den Bösen in Gestalt der Mächtigen, Reichen und Herrschenden. Die Sklaven selbst sind die Guten:

Lasst uns anders sein als die Bösen, nämlich gut! Und gut ist jeder, der nicht vergewaltigt, der niemanden verletzt, der nicht angreift, der nicht vergilt, der die Rache Gott übergibt, der sich wie wir im Verborgenen hält,

---

45 Friedrich Nietzsche: Zur Genealogie der Moral. Eine Streitschrift. Leipzig 1887. S. 18.

der allem Bösen aus dem Wege geht und wenig überhaupt vom Leben verlangt, gleich uns den Geduldigen, Demütigen, Gerechten.[46]

Ich gestehe, ich vertrete eine Sklavenmoral. Was ich allerdings nicht einsehe, weshalb dies bedeutet, wenig vom Leben zu verlangen. Es wäre doch für die Menschheit sehr viel gewonnen. Nietzsche gefällt nicht, dass durch die Moral der Mensch berechenbar gemacht wird. Dies steht für ihn im Kontrast zum souveränen Individuum. Dieses Individuum zeichnet sich durch Macht- und Freiheitsbewusstsein aus. Dieses wehrt sich gegen eine einschränkende, lebenshemmende Moral. Mit der Herrenmoral beansprucht Nietzsche eine Moral für die Elite, die sich von der Sklavenmoral absetzt und befreit. Die Sklavenmoral hindert die Elite an der freien Entfaltung ihrer Talente. Die herrschende Elite braucht weder Moral noch Gesetze, an die sie sich zu halten hätte. Diese Idee scheint sich bei Reichen und Mächtigen durchgesetzt zu haben. Manchmal werden sie dann von der Sklavenmoral eingeholt. So musste beispielsweise Boris Johnson wegen der Partygate-Affäre von seinem Amt als Premierminister zurücktreten. Die Machenschaften der Reichen, sich der Besteuerung zu entziehen, sind allgemein bekannt. Dreist sind auch jene Praktiken, die den Staat zur Reichtumsmehrung nutzen, wie dies im Cum-Ex-Skandal der Fall war.

Wer sich aus der Sklavenmoral heraus mit den Mächtigen anlegt, muss mit dem Schlimmsten rechnen. Der Film „Official Secrets", der auf wahren Begebenheiten beruht, stellt das Verhältnis von Macht und Moral exemplarisch dar. Kathrine Gun ist Übersetzerin in der Abteilung GCHQ, einer Analyse-Abteilung des britischen Geheimdienstes. Sie erfährt in einem Mail von einer geheimdienstlichen Operation der britischen und der US-amerikanischen Regierung. Danach sollen die nicht ständigen Mitglieder des UN-Sicherheitsrats abgehört und mit geeigneten Maßnahmen dahingehend beeinflusst werden, für den Krieg im Irak zu stimmen. Das würde den Krieg im Irak im Jahre 2003 legitimieren. Katherine Gun beschließt, diesen Inhalt der Presse zukommen zu lassen in der Absicht, den Krieg verhindern zu können. Sie ist sich bewusst, dass sie sich damit strafbar macht. Als der „Observer" die Geschichte bringt, wird in ihrer Abteilung eine interne Untersuchung durchgeführt. Jeder einzelne der Abteilung wird intensiv befragt. In einer ersten Befragung bestreitet Katherine, dass sie die Information geleakt hat. Doch sie kann nicht mit ansehen, wie ihre Kolleginnen und Kollegen unter Druck gesetzt werden und stellt sich. Sie muss

---

46 Friedrich Nietzsche: Zur Genealogie der Moral. S. 36.

mit einer Anklage auf Hochverrat rechnen. Bezeichnend ist der Dialog, den sie in der Untersuchungshaft mit Scotland Yard führt. Anwesend sind zwei Polizisten von Scotland Yard, eine Pflichtverteidigerin und natürlich Kathrine Gun:

Scotland Yard (SY): Worin bestanden Ihre Aufgaben?
Kathrine Gun (KG): Darüber darf ich nichts Genaues sagen.
SY: Dann halten Sie es allgemein.
KG: Ich habe Nachrichten aus der Aufklärung übersetzt und alles, was für meine Kunden von Interesse sein könnte, habe ich gemeldet.
SY: Ihre Kunden?
KG: Das Auswärtige Amt. Verteidigungsministerium.
SY: Also arbeiten Sie für die britische Regierung.
KG: Nein. Eigentlich nicht.
SY: Nein?
KG: Regierungen wechseln. Ich arbeite für das britische Volk. Ich sammle Informationen, damit das britische Volk von der Regierung beschützt werden kann. Ich sammle die Informationen nicht, damit unsere Mitbürger von der Regierung belogen werden können.
SY: Bei allem Respekt, Mrs. Gun. Sie sind eine Spionin.
KG: Ja.
SY: Sie sammeln Informationen aus Telefonaten und Computer und damit beliefern Sie Ihre Kunden. Sie belauschen private Gespräche. Und jetzt missfällt es Ihnen, das Gleiche bei Mitgliedern des Sicherheitsrates zu tun.
KG: Detective, ich habe keine Einwände dagegen, wenn ich Informationen sammeln soll, die einen Terrorangriff abwehren könnten. Aber ich habe Einwände dagegen, wenn ich Informationen sammeln soll, die dazu beitragen, eine Abstimmung bei der UNO zu manipulieren und die Welt mit einer Täuschung in den Krieg zu führen.
SY: Wer hat Sie dazu angestiftet?
KG: Niemand.
SY: Aber Sie haben das Memo jemandem gegeben. Wem haben Sie es gegeben? Einem Journalisten? Jemandem in der Antikriegsbewegung?
Der zweite Detective: Ihrem Ehemann?
Verteidigerin: Darauf müssen Sie nicht antworten.
KG: Doch, das beantworte ich. Mein Mann hatte absolut nichts damit zu tun.
SY: Er war auch kurz hier inhaftiert. Nicht wahr? In Abschiebehaft.

KG: Ja, das stimmt.
SY: Und dann haben Sie ihn geheiratet.
KG: Ja. Seine Aufenthaltserlaubnis wurde neu beantragt. Er kommt einmal die Woche zum Eintragen hierher.
Detective: Er ist Muslim.
KG: Wie bitte?
Scotland Yard: Er ist kurdischer Türke und hat unbefristeten Aufenthalt beantragt.
KG (aufgebracht): Aufgrund der Verbrechen, die Saddam Hussein am kurdischen Volk verübt hat, indem er 180'000 mit Chemiewaffen ermorden ließ, kann ich Ihnen versichern, dass mein Mann absolut keine Sympathie für das irakische Regime empfindet.
SY: Wieso haben Sie dann ein Memo geleakt, das helfen sollte, Saddam Hussein aus dem Weg zu schaffen?
KG: Weil ein Angriff auf den Irak nicht einfach nur ein Angriff auf Saddam Hussein ist. Man greift ein Land mit über 30 Mio. Menschen an. Und ich kann den bloßen Gedanken an den Schmerz und all das Leid nicht ertragen. Und ehrlich gesagt, verstehe ich nicht, wie irgendjemand das kann.

Die letzten Sätze formulieren sehr schön, was wohl alle Menschen guten Willens genau gleich sehen. Allerdings sind wohl die wenigsten von uns so mutig wie Kathrine Gun. Dies zeigt sich auch, als eine ihrer Arbeitskolleginnen ihr gesteht, dass sie wie viele andere ihre Entscheidung bewundert und gleichzeitig bedauert, selbst nicht so mutig zu sein, selbst nichts richtig gemacht zu haben.

Staaten ertragen es schlecht, wenn ihre Lügen ans Licht kommen. Sie setzen ihre ganze Staatsgewalt ein, um Whistleblower in die Schranken zu weisen. Es kommt immer wieder vor, dass Gesetze zu Resultaten führen, die mit moralischen Grundsätzen kollidieren. Mächtige sind sehr daran interessiert, die Gesetze so zu gestalten, dass sie ihre Handlungsfreiheit nicht beschränken. In Israel versucht Benjamin Netanjahu Gerichtsentscheide durch eine Parlamentsmehrheit außer Kraft zu setzen. Das ist dann das Ende der Gewaltenteilung.

Kathrine Gun nimmt das Risiko in Kauf, wegen Hochverrat verurteilt zu werden. Sie hätte die Möglichkeit gehabt, sich für schuldig zu erklären und auf eine milde Strafe zu hoffen. Stattdessen plädiert sie auf nicht schuldig und geht voll auf Risiko, um der Öffentlichkeit zu zeigen, dass Großbritannien mit Lügen in einen illegalen Krieg geführt wurde. Dank einer klugen

Strategie gelingt es der Verteidigung, dass der Generalstaatsanwalt die Anklage fallen lässt und den Prozess nicht weiterverfolgt, obwohl Kathrine Gun gestanden hat. Die von der Verteidigung angeforderten Unterlagen hätten gezeigt, dass Großbritannien illegal in den Krieg geführt wurde und die britische Regierung dafür wegen Kriegsverbrechen hätte bezichtigt werden können.

Whistleblower müssen generell damit rechnen, dass ihnen von Staates wegen der Prozess gemacht wird. So hat ein Whistleblower aufgedeckt, dass die Credit Suisse 18'000 Konten von verurteilten Kriminellen, Foltergenerälen und russischen Oligarchen verwaltet. Der Schweizer Staat geht nun nicht gegen die Credit Suisse vor, sondern gegen den Whistleblower, da die Weitergabe von solchen Informationen an die Medien unter Strafe steht. Die Schweizer Gesetzgebung verbietet es sogar den Medien, über solche Enthüllungen zu berichten.[47]

Wie das Beispiel zeigt, können Recht und Moral manchmal heftig aufeinandertreffen. Es handelt sich um Konflikte, die sich nur schwer befriedigend lösen lassen. Nicht immer gehen diese Fälle so gut aus, wie im Fall von Kathrine Gun.

Macht scheint sich mit Moral schlecht zu vertragen. Mächtige setzen sich häufig über moralische Maßstäbe hinweg. Doch warum ist das so? Weshalb haben Mächtige ein unbändiges Interesse daran, an der Macht zu bleiben? Liegt es daran, dass man als Mächtiger viel mehr tun und lassen kann? Liegt es daran, dass man sich anderen überlegen fühlt? Hat es damit zu tun, dass man sich selbstwirksamer erlebt? Ist es die Freude am Luxus und am Reichtum? Geht es darum, dass man seine eigene Vision, wie die Welt zu funktionieren hat, durchsetzen will? Weshalb tendiert Macht dazu, die Menschen zu unterdrücken und zu drangsalieren, ja die Welt zu zerstören? Wir kennen ja den Spruch: Macht korrumpiert. Doch warum ist das so? Der Machtzuwachs scheint sich negativ auf den Charakter auszuwirken. Wer mehr Macht hat, fühlt sich den anderen überlegen. Jene, die von der Macht abhängig sind, umschmeicheln den Mächtigen. Das wiederum steigert das Selbstbewusstsein. Nicht von anderen abhängig zu sein, könnte ein Grund sein für das Streben nach Macht. Doch Macht ist ein relationales Verhältnis. Macht ist eingebettet in bestimmte strukturelle

---

47 Christian Brönimann und Oliver Ziehlmann im Tages-Anzeiger vom 3. Februar 2023:
   - Bund ermittelt wegen Datendiebstahl. S. 1
   - Fürs Image der Schweiz könnte das zum GAU werden. S. 2
   - Ermittler gegen Enthüller, nicht gegen CS. S. 5

und rechtliche Strukturen. In Demokratien müssen Politiker gewählt werden. Sie sind auf die Gunst der Wähler angewiesen. Exekutivmitglieder können nur im Rahmen der Gesetze schalten und walten. Ansonsten laufen sie Gefahr, von der Justiz verfolgt zu werden. Um Gesetzen zum Durchbruch zu verhelfen, müssen Regierungsmitglieder Mehrheiten beschaffen. Angesichts der Gefahren, die von einer Machtkonzentration ausgehen, sind Demokratien so angelegt, dass sich diese Konzentration in Grenzen hält. In der Schweiz beispielsweise sorgen die Gemeindeautonomie, der Föderalismus sowie die Möglichkeit von Referendum und Initiative für einen eingeschränkten Handlungsspielraum der Regierung. Gleichwohl ist der Einfluss der wirtschaftlichen Elite auf die Politik beträchtlich. Zwar heißt es in der Verfassung, dass sich die Stärke eines Staates am Wohl der Schwachen messe. Doch häufig dienen die Gesetze weniger den Schwachen als vielmehr den Starken. Das kann sogar so weit gehen, dass selbst das Bundesgericht sich nicht an den geltenden Gesetzen orientiert. Ein Mieter klagte bis vor Bundesgericht. Er ist der Ansicht, dass die Miete höher ist, als das Gesetz zulasse. Das Urteil wies die Klage ab, stützte sich dabei aber nicht auf die geltenden Gesetze ab. Ein Urteil ganz im Sinne der reichen Immobilienbesitzer und nicht des gering verdienenden Mieters. Die Reichen setzen ja alles daran, dass sie der Staat nicht nur vor zu hohen Steuern bewahrt, sondern auch die Gesetze in ihrem Sinne ausgestaltet werden. Gemäss Jeremy Bentham ist Moral ein steter Angriff auf das Recht des Stärkeren. Wie man sieht, ist es auch nötig, dass die Moral stets angreift. Noch besser wäre natürlich, sie würde sich im Recht niederschlagen. Doch auch das reicht nicht. Es bräuchte auch noch Richter, die sich nicht dem Recht des Stärkeren verschreiben.

Neben der politischen Macht spielt natürlich die wirtschaftliche Macht eine zentrale Rolle. Die Verflechtungen sind zahlreich. Macht erlaubt es uns einfacher, unsere Ziele zu verfolgen. Nicht wenige von uns träumen vom großen Reichtum. Ich auch. Wer reich ist, kann sich mehr leisten. Ist weniger abhängig und hat mehr Möglichkeiten, seine Vision von einem guten Leben zu realisieren. Ich würde zum Beispiel gerne eine Philosophenschule gründen und betreiben. Da die Nachfrage nach Philosophie nicht sehr groß ist, zumindest nicht, wenn sie etwas kostet, müsste ich so viel Kapital zur Verfügung haben, dass meine Schule nicht auf Einnahmen und Spenden angewiesen wäre. Die Schule für Philosophinnen und Philosophen müsste sich gleichsam von den Zinsen des Kapitals finanzieren. Meine Talente haben leider nicht ausgereicht, mit einem Unternehmen genügend Geld zu verdienen, um eine Schule für Philosophinnen und Philosophen zu gründen. Mit der Schule für Philosophie verbindet sich natürlich die Vorstellung und die Hoffnung, die Welt zu einem besseren Ort zu machen. Da ich aber nicht über das nötige Kapital verfüge, bleibt meine Vision ein Traum. Mit dem nötigen Kapital hat man mehr Handlungsmöglichkeiten. Aber wer weiß, ob ich, wenn ich plötzlich über viel Geld verfügen würde, es mir dann nicht anders überlegen und es mir einfach nur gut gehen lassen würde. Es gibt einige Reiche und Superreiche, die sich für eine bessere Welt einsetzen. Für alle andern scheint das kein erstrebenswertes Ziel zu sein oder bleibt auf ihr näheres Umfeld begrenzt. Ihnen geht es mehr um die Mehrung ihres Vermögens gemäß kapitalistischer Logik. Vielleicht würde ich mir dann auch eine Superyacht zulegen, so wie es einige Superreiche zu tun pflegen. Grégory Salle hat dazu ein Essay geschrieben. Er sieht die Superyachten als Symbol für unsere Gesellschaft, die sich durch Exzess kennzeichnet. Durch ihre Mobilität sind die Yachten auch ein Symbol für den Rückzug der Eliten aus der Gesellschaft und staatlicher Bevormundung. Die politische Elite in Frankreich sorgte sogar dafür, dass die Superyachten nicht mehr als Vermögen versteuert werden müssen.[48] Das Personal ist arbeitsrechtlich nicht geschützt und wenn etwas strafrechtlich Relevantes passiert, ist die Polizei weit weg und hat zudem wenig Interesse, gegen die Reichen vorzugehen. Auch in dieser Hinsicht steht die Yacht symbolisch für unsere Gesellschaft. Zudem beschreibt Salle, wie die Branche, die die Superyachten herstellt, dafür sorgt, dass die ökologischen Regulierungen nicht ausufern. Dabei ist es zentral, im Gesetzgebungsprozess dafür zu sorgen, Verbote und Regulierungen zu verhindern. Noch besser ist es, der Branche die Sache gleich selbst zu überlassen. Selbstregulierung ist hier das Zauberwort. Generell eine beliebte Strategie von Lobby-Organisationen.

Wirtschaftliche Macht verschafft sich politische Macht. Wie investigative Journalistinnen und Journalisten enthüllt haben, sind die Möglichkeiten, mithilfe modernster Kommunikationstechniken politische Prozesse zu beeinflussen, enorm gestiegen. Ein sogenanntes Team Jorge, bestehend aus ehemaligen Agenten, soll in 33 nationale Wahlkämpfe eingegriffen haben. In 27 davon erfolgreich. Mit genügend Geld können politische Gegner unter Druck gesetzt werden. Politische Meinungen können mit Hilfe sozialer Medien verstärkt oder geschwächt werden.

---

48 Grégory Salle: Superyachten. Luxus und Stille im Kapitalozän. Berlin 2023, S. 73 ff.

Recht und Moral

Wie wir schon festgestellt haben, fließen moralische Vorstellungen in Gesetz und Recht ein. Es gibt aber einen großen Bereich der Moral, der nicht rechtlich fixiert ist. Im Zusammenhang mit dem Ukrainekrieg wird darüber diskutiert, ob die Vermögen von russischen Oligarchen enteignet und für den Wiederaufbau der Ukraine verwendet werden sollen. Da Eigentum in liberalen Gesellschaften einen hohen Schutz genießt, wird dies von Juristen als rechtsstaatlich höchst problematisch eingestuft. Jemanden allein aufgrund seiner Nationalität zu enteignen, wird als willkürlich erachtet. Um Vermögen zu enteignen, müsste nachgewiesen werden können, dass die Vermögen illegal erworben worden sind. Es mag sogar sein, dass diese Vermögen durch korrupte Machenschaften erlangt worden sind. Doch dies juristisch nachzuweisen, gestaltet sich schwierig. Moralisch ist es unbefriedigend. Der russische Staat müsste als kriminelle Organisation eingestuft werden. Eine kriminelle Organisation liegt dann vor, wenn diese den Zweck verfolgt, Gewaltverbrechen zu begehen. Das Dumme ist nur, dass Kriegsverbrechen im Sinne des Gesetzes nicht als Gewaltverbrechen gelten. Wie der Strafrechtsprofessor Marcel Niggli in einem Interview ausführt, sei Moral immer schwammig.[49] Jede und jeder habe andere Vorstellungen davon, was moralisch richtig oder falsch sei. Das Recht sei im Gegensatz zur Moral immer präzise und kenne keine Grautöne. Es mag ja sein, dass das Strafrecht präziser ist als anderes Recht. Dass es jedoch keine Grautöne gibt, wie der Professor behauptet, scheint mir mehr als fragwürdig. Hat er doch im Interview selbst die Frage aufgeworfen, was im Falle Russlands eine kriminelle Organisation sei. Ist es der Staat? Ist es seine Regierung? Ist es der gewählte Präsident? Ziemlich schwammig.

Zudem gilt es, sich bewusst zu machen, wie Recht und Gesetz zustande kommen. In den Parlamenten, die für die Gesetzgebung zuständig sind, sitzen nicht die Armen und die Obdachlosen. Es sind die Wohlhabenden, die besser Verdienenden, die sogenannte Elite. Mit der Repräsentation der Bevölkerung ist es nicht so weit her. Die Interessen des Kapitals sind weit besser vertreten als jene des Prekariats. Das gilt im Übrigen auch auf der globalen Ebene. Das Weltwirtschaftsrecht ist von den wirtschaftlichen Eliten geprägt. Ein Gegengewicht bilden die Menschenrechte, die, wie wir

---

49 Edgar Schuler: „Heute geht es um ein paar Russen, morgen vielleicht um Sie und mich." Tages-Anzeiger vom 4. Februar 2023, S. 4.

gesehen haben, nicht im gleichen Masse rechtlich eingeklagt werden können.

Im Zeit-Magazin vom 2. Februar 2023 wird der New Yorker Strafverteidiger Benjamin Brafman interviewt. Er hat Mörder, Betrüger und Pädophile verteidigt. Auch hier zeigt sich das schwierige Verhältnis von Recht und Moral. Er habe Fälle gewonnen, die er nicht hätte gewinnen dürfen und Fälle verloren, die er hätte gewinnen müssen. Darin besteht der Unterschied zwischen seiner Rolle als Strafverteidiger und seinem Moralverständnis. Einmal sagte ein Mandat zu ihm: „Vergiss nicht, dass man im Leben manchmal Menschen begegnet, die eine Tracht Prügel verdienen. Ihr seid zivilisierte Leute, also verprügelt ihr niemanden. Aber ich schlage Leute zusammen, die es verdient haben. Und weißt du was? Meine Methode ist besser, denn sie werden es nie wieder tun. In deiner Welt verklagst du sie, aber nicht immer kriegen die, die es verdient hätten, ihre gerechte Strafe." Ob eine Tracht Prügel reicht, um weiteres Unheil zu verhindern, sei dahingestellt. Zweifellos wünsche ich mir manchmal, dass man bestimmte Figuren einfach aus dem Verkehr zieht, damit die Zerstörung ein Ende hat. Solche Figuren mit rechtsstaatlichen Mitteln hinter Gitter zu bringen, erweist sich häufig als aussichtslos. Sie sagen dann den Ermittlern süffisant ins Gesicht: Dann beweisen Sie mir das mal. Und nicht immer sind die Ermittler so clever wie Inspektor Columbo.

Kunst, Kultur und Moral

Nietzsche bestimmt die Funktion der Moral im Hinblick auf das Ziel der Kultur. Folgt man dem Grundsatz vom größten Glück der größten Zahl, dass es also darum gehe, dass möglichst viele Menschen glücklich sein sollen, dann denkt man moralisch. Mit diesem Denken geht eine demokratische Kultur einher, in der der Massengeschmack vorherrscht. Das kann laut Nietzsche aber nicht das Ziel der Kultur sein. Das Ziel der Kultur besteht darin, große Kulturleistungen in Kunst, Philosophie und Wissenschaft hervorzubringen. Diese werden von schöpferischen Menschen hervorgebracht. Dabei geht es nicht um soziale Nützlichkeit, die der Gesellschaft als Ganzes zugutekommt. Es geht darum, hervorragende Gestalten in allen Bereichen der menschlichen Kultur hervorzubringen. Dabei müsse auch in Kauf genommen werden, dass diese Leistungen auf der Basis der ausgebeuteten Arbeit entstehen.[50] Nietzsche ist sich der Grausamkeit dieser Aussagen bewusst. Er hält nicht viel davon, von der Würde der Arbeit zu reden. Kunst und Kultur beruhen letztlich auf der Ausbeutung der Arbeit. Der Kunstschaffende sollte sich dieses Privilegs bewusst sein und nicht auf jene herabschauen, die der Kunst nichts abzugewinnen vermögen. Sozialer Fortschritt geht für Nietzsche nicht mit kultureller Produktion einher. Mit der Demokratie sieht Nietzsche den Untergang der Kultur heraufziehen.

Nietzsche wettert gegen die von Jeremy Bentham und John Stuart Mill vorgetragene Idee, wonach das größte Glück der größten Zahl die Grundlage der Moral bildet. Nach Jeremy Bentham besteht *der einzig und allein gerechte und einzig und allein zu rechtfertigende Endzweck des Staates darin, für das größte Glück der größten Zahl zu sorgen*. Bentham ging sogar so weit, den Schutz des Staates nicht nur dem Menschen, sondern allen empfindenden Wesen angedeihen zu lassen. Er hatte die Vision, dass die Menschheit alles, was atmet unter ihren Schutz und Schild nehmen wird. Moral richtet sich für Bentham gegen das Recht des Stärkeren. Für Nietzsche ist dies nichts anderes als Sklavenmoral. Auch für John Stuart Mill ist das Prinzip des größten Glücks der größten Zahl die Grundlage der Moral. Handlungen, die das Glück befördern sind moralisch, Handlungen, die das Unglück befördern sind unmoralisch. Der Utilitarismus liefert uns also mit dem Schema Glück-Unglück eine andere Definition von Moral als jene von Gut und Böse. Bei Nietzsche leuchtet mir nicht ein, weshalb Kunst und Kultur notwendigerweise auf ausbeutender Arbeit beruhen sollen. Oben die künstlerische Elite und unten die ausgebeutete Arbeiterschaft. Heute verläuft die Achse ja entlang von Geld, Reichtum und Kapital. Oben der leistungslose Kapitalist und unten der ausgebeutete Arbeiter. Und was die Kulturschaffenden betrifft, ist es heute vielfach so, dass diese sich selbst ausbeuten und in prekären Verhältnissen leben. Einige wenige werden dann von den Reichen entdeckt und können sich so aus dem Prekariat befreien.

Mir gefällt sowohl das Anliegen Nietzsches als auch jenes von Bentham und Mill. Es sollte doch möglich sein, beides zu verbinden. Auf der einen Seite das Leiden der Menschheit möglichst minimieren und auf der anderen Seite kulturelle Höchstleistungen anstreben. Nietzsche würde vermutlich einwenden, dass Glück dem Streben nach kultureller Leistung entge-

---

50 Rüdiger Safranski: Nietzsche. Biographie seines Denkens. München, Wien 2000, S. 69.

gensteht. Leidvolle Erfahrungen sind vielfach die Grundlage künstlerischer Tätigkeit. Künstlerinnen und Künstler sind häufig auch Getriebene. Doch braucht es immer das Unglück, um Kunst zu schaffen? Wenn ich mir zum Beispiel die Kunst von Pipilotti Rist vergegenwärtige, habe ich nicht das Gefühl, dass Unglück ihre treibende Kraft ist. Vielmehr ist es die Bewahrung einer kindlich spielerischen Fantasie, die sie antreibt. Aufschlussreich ist ihre Installation in der Kirche San Stae in Venedig, in der sie zwei nackte Frauen im Paradies an die Decke projiziert. Für einmal steht nicht das Jüngste Gericht im Fokus, sondern das Paradies.[51] Prompt sorgten besorgte Katholiken für die vorzeitige Einstellung der Ausstellung. Ihre Kunst ist auch Produkt der protestantischen Arbeitsethik, die sie wie folgt beschreibt: „Gott mag mich mehr, wenn ich viel leiste. Und um es mit Julian Barnes zu sagen: ‚Ich glaube nicht an Gott, aber ich vermisse ihn.' So etwa in diesem Spannungsfeld bewegt sich mein protestantisches Arbeitsethos."[52] Kunst ist für sie eine Quelle des Trostes und sie wendet sich auch gegen das Elitäre in der Kunst. Das Staunen über die Welt ist ihr nicht abhandengekommen. Das Staunen war und ist auch einer der Antriebe der Philosophie. Das Staunen über den Kosmos, über die Natur und über den Menschen.

Doch wie kann man sich angesichts des Elends der Welt Kunst und Kultur widmen? Der Schweizer Schriftsteller Lukas Bärfuss ist sich dieses Widerspruchs bewusst. Wie kann ich, so fragt er sich, angesichts des Elends in der Welt, über Fragen des Stils schreiben? Sowohl Schreiben als auch Lesen sind ungeeignet, um gegen das Elend der Welt anzugehen. Er bestreitet auch, dass die Produktion von Literatur die Welt verändert. Nicht einmal das Bewusstsein vermöge sie zu verändern, allenfalls noch etwas zu Bewusstsein bringen. Im Grunde genommen sind wir genauso unmoralisch, wie wenn ich mich in einem Flüchtlingslager, in dem gerade die Cholera ausgebrochen ist, in eine Ecke verkrieche und, anstatt zu helfen, Rilkes Sonette an Orpheus zu lesen beginne. Denn im globalen Maßstab ist es genau das, was wir tun, wir leben in einer ruhigen Ecke eines Flüchtlingslagers. Wenn ich davon überzeugt bin, dass menschliches Leiden ein Übel ist, dem

---

51 Philipp Meier: Revolutionärin im Bilderkosmos. Pipilotti Rists verführerische Videos machen aus Kunstkonsumenten staunende Kinder. NZZ vom 29. Oktober 2022, S. 45.
52 Birgit Schmid: „Meine Arbeit ist nicht Flucht vor der Wirklichkeit, sondern ein Hingehen in Traumwelten». Interview mit Pipilotti Rist in der NZZ vom 29. Oktober 2022, S. 43.

es abzuhelfen gilt, wie verhalte ich mich angesichts des Elends in der Welt? Wäre es nicht meine Aufgabe jenen zu helfen, die in Not und Elend sind?[53]

Künstliche Intelligenz und Moral

Im Bereich der Künstlichen Intelligenz wird versucht, den Maschinen Moral beizubringen. Basis ist dabei das, was sich im Netz an Moral finden lässt. Die Maschinen durchpflügen das Internet unter moralischen Gesichtspunkten. Angesichts des verbreiteten Hatespeech im Netz ist das Resultat durchwachsen. Die Künstliche Intelligenz bildet nur das ab, was sich im Netz an Moral und Unmoral manifestiert. Es kommt somit kaum das heraus, was man als ethisch hochstehend bezeichnen würde. Auf der anderen Seite wäre es natürlich möglich, den Maschinen eine bestimmte Ethik einzupflanzen. Doch dann stellt sich wieder die Frage, welche moralischen Maßstäbe zur Anwendung kommen sollten. Zudem ist unsicher, ob eine Künstliche Intelligenz in der Lage ist, eine konkrete Situation in all ihren moralischen Aspekten zu erfassen. Romane, die sich mit dieser Thematik befassen, können eine Vorstellung davon liefern, wie sich humanoide Roboter moralisch verhalten könnten. So beschreibt Kazuo Ishiguro in „Klara und die Sonne" eine künstliche Freundin, die Jugendlichen auf ihrem Weg ins Erwachsenenalter zur Seite steht. Klara zeichnet sich durch hohe Empathie und Menschlichkeit aus. Etwas, was den richtigen Menschen zu fehlen scheint.

---

53 Lukas Bärfuss: Stil und Moral: Essays. Göttingen 2015, S. 229.

Verfallsformen der Moral

Moralischer Stillstand

Überall, wo Kriege herrschen, bleibt die Moral auf der Strecke. Es ist der Menschheit nach wie vor nicht gelungen, den Krieg aus der Welt zu schaffen. Zwar gibt es die Genfer Konvention, wonach Verwundete, Kranke, Schiffbrüchige sowie medizinisches Personal besonders zu schützen sind, und die festlegt, wie mit Kriegsgefangenen umgegangen werden muss. Bekanntlich werden diese Regeln häufig nicht beachtet. Es gibt völkerrechtlich strafbare Kriegsverbrechen wie Völkermord und Verbrechen gegen die Menschlichkeit. Dass es diese Auflistung gibt, ist sicher ein moralischer Fortschritt. Dass diese Verbrechen jedoch immer noch geschehen, ein beklagenswertes Faktum.

Als moralischer Stillstand ist auch der Umgang der europäischen Länder mit den Flüchtlingsströmen zu taxieren. Das Mittelmeer ist inzwischen zum größten Grab der Welt geworden. Zehntausende sind inzwischen ertrunken. Jene, die versuchen, die Flüchtenden aus der Seenot zu befreien, werden vor Gericht gebracht. So geschehen mit der Sea-Watch-Kapitänin Carola Rackete. Wochenlang wartete sie vergeblich auf eine Genehmigung, einen Hafen anzulaufen. Sie setzte sich dann über das Verbot hinweg und wurde daraufhin angeklagt. Immerhin wurde das Verfahren eingestellt.

Korruption ist ein weit verbreitetes Übel. Anstatt die Besten und die Leistungsfähigsten für ein staatliches Amt einzusetzen, werden lukrative Posten an Freunde, Verwandte und Bekannte vergeben. Um an bestimmte Leistungen zu kommen, fließen Bestechungsgelder. Staatliche Gelder für Infrastrukturprojekte versickern in der Bürokratie. In einigen Ländern ist es nur mit Bestechung möglich, an medizinische oder staatliche Leistungen zu gelangen. In diesem gesellschaftlichen Umfeld ist es praktisch unmöglich, ohne korruptes Verhalten durchs Leben zu kommen. Man muss sich Moral leisten können.

Inzwischen hat auch das EU-Parlament seinen Korruptionsskandal. So wurden im Dezember 2022 die griechische Vizepräsidentin und weitere fünf Parlamentsmitglieder in Untersuchungshaft genommen. Es werden ihnen Korruption, Geldwäsche und Bildung einer kriminellen Organisation vorgeworfen. Es bewahrheitet sich das Sprichwort, dass Macht korrumpiert. Politische Macht wirkt wie ein Gravitationszentrum für wirtschaftliche Akteure, die mit Geld ihre Interessen durchzusetzen versuchen. Die politischen Akteure erweisen sich für die Verlockungen des Geldes empfänglich. Es besteht somit ein enger Zusammenhang zwischen Macht und Korruption. Um der Korruption Herr zu werden, gibt es strukturell folgende Möglichkeiten:

1. Institutionelle Regelungen durch Recht, Gesetz und Transparenzvorschriften
2. Limitierung der Machtbefugnisse
3. Wahl von moralisch integren Politikern

Die Schwierigkeit besteht darin, dass Änderungen in den ersten beiden Bereichen von jenen umgesetzt werden müssten, die an der Macht sind. Wenn jene, die an der Macht sind, korrupt sind, wird sich nichts ändern. Und was den dritten Punkt betrifft, werden bekanntlich auch Wähler bestochen. Wie man sieht, ist es äußerst schwierig, Korruption einzudämmen. Wünschbar wäre natürlich, wir hätten Politikerinnen und Politiker, die moralisch integer wären. Doch wie will man das sicherstellen? In der Politik geht es um die Durchsetzung von Interessen und nicht um moralische Integrität. Um Interessen durchzusetzen, braucht es Raffinesse, Schlauheit, strategisches Geschick, Charisma bis zu Gerissenheit, Kaltblütigkeit und Hinterhältigkeit. Bei der Durchsetzung von Interessen stehen Partikularinteressen im Vordergrund und nicht das Gemeinwohl. Wenn das Ziel der Politik die Mehrung des Wohlstands der Allgemeinheit ist, die Politik hingegen nur die Mehrung des Wohlstandes der Reichen befördert, verfehlt sie ihr Ziel. Sie verfehlt auch dann ihr Ziel, wenn sie nicht entschieden gegen die Zerstörung der Lebensgrundlagen vorgeht. Bald wird es nicht mehr um die Mehrung des Wohlstandes gehen, sondern um den Kampf darum, wer die Klimakatastrophe überleben wird und wer nicht.

Im Zuge der Ökonomisierung unserer Lebensverhältnisse haben sich unsere moralischen Maßstäbe verschoben. Die Wirtschaftswissenschaften schrieben sich den *homo oeconomicus* auf die Fahne, wonach der Mensch primär und praktisch ausschließlich von Eigennutz und vom Egoismus angetrieben sei. Sämtliche moralischen Regungen des Menschen wurden mit dem Etikett Eigennutz versehen. Jemand anderem helfen, sich um andere kümmern, Leidenden in der Not beistehen. Alles nur aus Eigennutz. Und um es weniger unmoralisch klingen zu lassen, wurde der Eigennutz mit dem Etikett rational versehen. Und Rationalität wurde verstanden als kühl kalkulierende Berechnung. Werbetechnisch verkaufen sich allerdings

Emotionen besser. Der *homo oeconomicus* spricht dann an auf Slogans wie „Ich bin doch nicht blöd" und „Geiz ist geil". Ist auch verständlich. Wer lässt sich schon gern über den Tisch ziehen. In unserem Konsumverhalten ist es nichts als rational, die beste Qualität zum günstigsten Preis zu erhalten. Wir sammeln wie wild Einkaufspunkte, studieren Aktionen und sind auf Schnäppchenjagd. Unser rationales Kalkül wird hie und da gestört durch Berichte, die uns von tierquälerischer Massentierhaltung berichten oder aufzeigen, unter welch menschenunwürdigen Arbeitsbedingungen bestimmte Produkte hergestellt werden.

Moralischer Nihilismus

Unter moralischem Nihilismus versteht man die generelle Ablehnung von Moral. Eine Form des moralischen Nihilismus ergibt sich aus dem Satz: Wenn Gott tot ist, ist alles erlaubt. Gott ist der Garant für Moral. Fällt Gott weg, fällt auch die Moral weg. Es besteht kein Grund mehr, sich an moralische Vorgaben zu halten, wenn keine Instanz mehr da ist, die am Jüngsten Gericht für Gerechtigkeit sorgt. Wir sind von der Moral befreit. Es ist alles erlaubt. Die Vernunft allein ist nicht in der Lage, eine Moral zu begründen. Der Starke kann sich über die Moral hinwegsetzen, ja er kann sogar das Böse zu seinem Leitprinzip erheben, das die Lust am Quälen und Töten anderer beinhaltet. Grausamkeit und Aggression wird zur Norm erhoben und aus der Natur abgeleitet.[54]

Tendenzen zum moralischen Nihilismus findet man auch im Christentum. Im Kapitel „Moral ist religiös" habe ich bereits auf die Moralkritik der Reformatoren hingewiesen. So interpretiert Winfried Schröder die Geschichte von Abraham, der sein Sohn opfern soll, in der Interpretation von Kierkegaard als Beispiel für moralischen Nihilismus. Hier die Geschichte im biblischen Wortlaut:

Nach diesen Ereignissen stellte Gott Abraham auf die Probe. Er sprach zu ihm: Abraham! Er sagte: Hier bin ich. Er sprach: Nimm deinen Sohn, deinen einzigen, den du liebst, Isaak, geh in das Land Morija und bring ihn dort auf einem der Berge, den ich dir nenne, als Brandopfer dar! Frühmorgens stand Abraham auf, sattelte seinen Esel, nahm zwei seiner

---

54 So die Darstellung von Marquis de Sade bei Winfried Schröder: Moralischer Nihilismus. Radikale Moralkritik von den Sophisten bis Nietzsche. Ditzingen 2005, S. 146.

Verfallsformen der Moral

Jungknechte mit sich und seinen Sohn Isaak, spaltete Holz zum Brandopfer und machte sich auf den Weg zu dem Ort, den ihm Gott genannt hatte. Als Abraham am dritten Tag seine Augen erhob, sah er den Ort von Weitem. Da sagte Abraham zu seinen Jungknechten: Bleibt mit dem Esel hier! Ich aber und der Knabe, wir wollen dorthin gehen und uns niederwerfen; dann wollen wir zu euch zurückkehren. Abraham nahm das Holz für das Brandopfer und lud es seinem Sohn Isaak auf. Er selbst nahm das Feuer und das Messer in die Hand. So gingen beide miteinander. Da sprach Isaak zu seinem Vater Abraham. Er sagte: Mein Vater! Er antwortete: Hier bin ich, mein Sohn! Dann sagte Isaak: Hier ist Feuer und Holz. Wo aber ist das Lamm für das Brandopfer? Abraham sagte: Gott wird sich das Lamm für das Brandopfer ausersehen, mein Sohn. Und beide gingen miteinander weiter. Als sie an den Ort kamen, den ihm Gott genannt hatte, baute Abraham dort den Altar, schichtete das Holz auf, band seinen Sohn Isaak und legte ihn auf den Altar, oben auf das Holz. Abraham streckte seine Hand aus und nahm das Messer, um seinen Sohn zu schlachten. Da rief ihm der Engel des Herrn vom Himmel her zu und sagte: Abraham, Abraham! Er antwortete: Hier bin ich. Er sprach: Streck deine Hand nicht gegen den Knaben aus und tu ihm nichts zuleide! Denn jetzt weiß ich, dass du Gott fürchtest; du hast mir deinen Sohn, deinen einzigen, nicht vorenthalten. Abraham erhob seine Augen, sah hin und siehe, ein Widder hatte sich hinter ihm mit seinen Hörnern im Gestrüpp verfangen. Abraham ging hin, nahm den Widder und brachte ihn statt seines Sohnes als Brandopfer dar. [55]

Gott setzt sich über sein eigenes Tötungsverbot in den Zehn Geboten hinweg. Dem biblischen Text zufolge ist Gott gegenüber der Moral souverän. Abraham scheint es auch so zu sehen. Er stellt den Befehl nicht in Frage, sondern führt ihn gehorsam aus. Ihn könnte man deshalb auch nicht für schuldig erklären, hätte er seinen Sohn geopfert. Wenn überhaupt, dann wäre Gott schuldig für die Untat. Gegenüber der höchsten Instanz ist Gehorsam angesagt. Wir haben es also mit einem Gott zu tun, der moralische Maßstäbe außer Kraft setzt. In diesem Sinne wird von moralischem Nihilismus gesprochen.[56] Um dieser Konsequenz zu entgehen, hat es deshalb nicht an Versuchen gefehlt, die Geschichte Abrahams mit unserem moralischen Empfinden in Einklang zu bringen. Diese Versuche haben aber zur

---

55 1. Mose 22, 1-13
56 Winfried Schröder: Moralischer Nihilismus. S. 108.

Folge, dass die Souveränität Gottes beschnitten wird. Gott könne nicht unmoralisch handeln. Kant ging sogar so weit zu sagen, dass der Befehl nicht von Gott stammen könne.[57] Hält man jedoch an der Souveränität Gottes fest und berufen sich die Gläubigen darauf, steht dem moralischen Nihilismus nichts mehr im Wege. Steht Gott über der Moral, so kann ich mich mit Berufung auf Gott über moralische Gebote hinwegsetzen. Ich berufe mich auf eine höhere Autorität. Was interessiert mich eine von Menschen gemachte Moral? Was interessieren mich von Menschen gemachte Gesetze, wenn ich mich auf göttliche Befehle berufen kann? Diese Berufung auf Gott kann sich auf verschiedene Weisen manifestieren. Märtyrer weigern sich, eine bestimmte Lehre zu widerrufen und nehmen dafür den Tod in Kauf. Selbstmordattentäter sprengen sich und unschuldige Menschen in die Luft und rufen: Gott ist groß.

Strukturell ähnlich gelagert ist die Befehlsgewalt in Armeen. Befehl ist Befehl. Der Soldat hat ihn auszuführen und nicht zu hinterfragen. Der Befehl mag noch so unmoralisch sein. Wer sich weigert, den Befehl auszuführen, muss mit Strafe rechnen oder wird gar standrechtlich erschossen. Staaten haben generell keine Freude, wenn sich Menschen mit Berufung auf göttliche Instanzen, moralische Grundsätze oder ihr Gewissen über Gesetze hinwegsetzen. Doch wenn Gesetze unmoralisch sind, ist es dann nicht das Recht der Bürgerinnen und Bürger, sich darüber hinwegzusetzen?

Doppelmoral

Doppelmoral kennzeichnet sich dadurch aus, dass bestimmte Moralvorstellungen hochgehalten werden, im konkreten Fall aber unterlaufen werden. Gerade dem Westen wird häufig Doppelmoral vorgeworfen. Wohl zu Recht. Auf der einen Seite schreibt er sich die Menschenrechte auf die Fahne. Wenn es dann hart auf hart geht, sind die eigenen Interessen wichtiger als die Moral. Wenn Russland kein Gas und kein Öl liefert, müssen andere Lieferanten gesucht werden. Länder, die man wegen ihrer Menschenrechtslage kritisiert hat, müssen dann plötzlich wieder hofiert werden. Anlässlich der Fußball-WM in Katar wurde die Frage diskutiert, ob man sich die Spiele am TV überhaupt anschauen soll. Schließlich wurden die Stadien unter menschenunwürdigen Arbeitsbedingungen erstellt. Bernd Ulrich hat den

---

57 Winfried Schröder: Moralischer Nihilismus. S. 89.

Verfallsformen der Moral

schönen Satz geschrieben: „Lieber Doppelmoral als gar keine Skrupel."[58] Wer, wenn nicht der Westen, tritt für die Menschenrechte ein. Auch der Westen tritt die Menschenrechte immer mal wieder mit Füssen. Man denke nur an Abu Ghraib. Krieg ist grausam. Moral ist der Kampf gegen die Grausamkeit. Moral bewegt sich im Spannungsfeld zwischen Eigen- und Fremdinteressen. Realpolitik ist der Begriff dafür, die Moral zugunsten der Eigeninteressen außen vor zu lassen. Es gilt dann der bekannte Spruch aus Bertolts Brecht Dreigroschenoper: „Zuerst kommt das Fressen und dann die Moral." Moralisch sensiblen Personen stellt sich allerdings die Frage, wann die Moral vor dem Fressen kommt. Wann sind wir bereit, für die Moral Opfer zu bringen?

Nun, im Falle der FIFA ist die Frage allerdings berechtigt, ob sie überhaupt noch Skrupel kennt. Putin bemüht auch die Moral, wenn er behauptet, die Ukraine von den Nazis zu befreien. Skrupel erkennt man bei ihm jedoch nicht. Erschütternd sind auch die Missbrauchsskandale in der katholischen Kirche. Der Wille, diese Skandale aufzuarbeiten, hält sich in Grenzen. Dabei gehört, zumindest was die Kirche betrifft, Moral zum Programm. Doch selbst der Fußballverband und Russland geben sich moralisch. Was lässt sich daran erkennen? Alle wollen gut dastehen: Infantino, Putin, der Papst. Sie haben ein Bild davon, was in der breiten Öffentlichkeit als moralisch angesehen wird. Um diesem Bild zu entsprechen, werfen sie auf der einen Seite die PR-Maschinerie an und auf der anderen Seite versuchen sie, alles, was kompromittierend sein könnte, unter dem Deckel zu halten oder umzuinterpretieren.

Was für Institutionen, Vereine, Kirchen und Länder gilt, gilt auch für das Individuum. Es möchte moralisch gut dastehen. Wie das aussieht und was das für Folgen hat, werden wir im Kapitel „Unser Verhältnis zur Moral" genauer anschauen.

Zweierlei moralische Massstäbe

Wer kennt es nicht: Wasser predigen und Wein trinken. Ich stelle moralische Ansprüche an andere, an die ich mich selbst nicht halte. Genussvoll wird mir das dann von meinem Umfeld um die Ohren gehauen. Wir gehen wie selbstverständlich davon aus, dass wir moralische Anforderungen an andere nur dann stellen können, wenn wir diese selbst in der Praxis leben.

---

58 Bernd Ulrich: Ihr mit eurer Moral. Die „Zeit" vom 24. November 2022, Frontseite.

Doch wie berechtigt ist das? Je höher die moralischen Ansprüche sind, desto schwieriger ist es, diese in der Praxis zu realisieren. Sollten wir Menschen nicht bewundern, die hohe Ideale vertreten? Dass sie diese nicht immer erreichen, ist nicht weiter verwunderlich. Bei all jenen, die bescheidene moralische Ansprüche vertreten und leben, ist diese Diskrepanz kleiner. Sie müssen sich dann mitunter nur ihre tiefen moralischen Grundsätze vorhalten lassen.

In der Bibel gibt es die Geschichte vom Splitter im Auge des andern, den man entfernen möchte, obwohl man selbst einen Balken vor Augen hat. Eine leichte Verfehlung beanstanden wir beim anderen, unsere eigenen großen Verfehlungen sehen wir nicht. Immerhin gesteht uns die Bibel zu, den Splitter beim anderen zu beanstanden, wenn wir uns vorgängig um unseren Balken gekümmert haben.

Die Klimaaktivistinnen und -aktivisten werden häufig mit diesem Vorwurf konfrontiert. Wie ich bereits ausgeführt habe, ist es äußerst anspruchsvoll, klimaneutral zu leben. Doch den Klimaaktivistinnen und -aktivisten geht es nicht allein um moralische, sondern um politische Forderungen. Moral allein, wenn es sich nicht um eine allgemein anerkannte und gelebte Moral handelt, ist machtlos. Erst die politische Durchsetzung einer bestimmten Moral kann die gewünschten Effekte bringen.

Die Biederkeit der Moral

Moral hat auch ihre biedere Seite. Hier geht es weniger um die großen Fragen der Moral als vielmehr um das Verhalten im Alltag. Wenn zum Beispiel ein paar Freunde draußen noch feiern, ohne sich um die Nachtruhe der Nachbarn zu kümmern. Wenn dann jemand gleich die Polizei ruft, ohne sich zuerst an die Ruhestörer zu richten, zeigt sich die Biederkeit der Moral. Wir regen uns – zu Recht – darüber auf, wenn die Leute einfach ihren Abfall überall liegen lassen. Irgendjemand wird ihn ja schon wegräumen. Im Zug legen einige die Füße auf die Sitze, hören zu laut Musik oder breiten am Handy lautstark ihre Lebensgeschichten aus. Nachbarn regen sich über den Schattenwurf von Bäumen auf. Der Polizist verteilt ungerührt Parkbussen und ist auch für die besten Entschuldigungen nicht empfänglich. Gesetze sind schließlich einzuhalten und müssen durchgesetzt werden. Als es noch verboten war, unehelich zusammenzuleben, hatten die Nachbarn ein waches Auge dafür, wer dagegen verstieß. Alles hat seine Ordnung und wer dagegen verstößt, muss zurechtgewiesen werden. Manche nehmen es damit etwas gar genau und kennen kein Pardon.

Moralischer Fortschritt

Wir haben bereits einige Beispiele moralischen Fortschritts erwähnt. Dazu zählen die Abschaffung der Sklaverei und die Ächtung der Folter und der Todesstrafe. Inzwischen verbrennen wir keine Hexen mehr und Homosexualität wird in immer mehr Staaten nicht mehr unter Strafe gestellt. Die Emanzipation der Frau macht Fortschritte, wenn auch nur schleppend. Die patriarchalen Strukturen unserer Gesellschaften lassen sich nur mit Mühe aufbrechen. Die Sexualmoral hat sich stark gewandelt und wir sind sensibler geworden gegenüber Diskriminierungen.

War die Kriegsbegeisterung zu Beginn des 20. Jahrhunderts noch weit verbreitet, so hat sie sich angesichts des Elends, der mit Kriegen einhergeht, doch ziemlich abgeschwächt. In der russischen Bevölkerung kann bezüglich des Ukrainekrieges jedenfalls von Kriegsbegeisterung keine Rede sein. Ganz im Gegenteil. Inzwischen ist wohl bei den meisten Menschen die Erkenntnis durchgedrungen, dass Krieg etwas grauenhaftes ist.

Charles Taylor beschreibt, wie im 17. Jahrhundert die Idee aufkam, die Gesellschaft ließe sich zum Besseren verändern. Er bezieht sich dabei auf Justus Lipsius. Für Taylor ist Lipsius der einflussreichste neostoische Autor des 16. Jahrhunderts. „Lipsius entwickelt eine Art von christlich beeinflusstem Stoizismus, wobei die stoischen Tendenzen überwiegen."[59] Christentum und Stoizismus teilen die Lehre von der göttlichen Vorsehung. Der Stoizismus traut allerdings der Vernunft mehr zu als das Christentum. Die Vernunft kommt von Gott. Ihr Merkmal ist die Beständigkeit. „Die Vernunft befiehlt uns am Unveränderlichen festzuhalten."[60] Mitleid soll nicht nur ein Gefühl sein, sondern sich um aktive Hilfe erweitern. Es ist dieser „Aktivismus, durch den sich Lipsius in einer für die ganze neuzeitliche Epoche typischen Weise vom eigentlichen Stoizismus unterscheidet."[61] Lipsius ist der Überzeugung, dass wir für unsere Welt verantwortlich sind. Dies beinhaltet den Kampf gegen das Böse und für das Gute. Es setzte sich zu dieser Zeit langsam die Erkenntnis durch, dass Frieden ein höheres Gut ist als die Frage nach dem rechten Glauben.

---

59 Charles Taylor. Ein säkulares Zeitalter. Frankfurt am Main 2009, S. 202.
60 Charles Taylor. S. 203.
61 Charles Taylor. S. 204.

Moralischer Fortschritt

Taylor beschreibt den Wandel, der sich in der Einstellung der Menschen im Übergang vom Mittelalter zur Neuzeit vollzogen hat. Es sind Einstellungen, denen wir auch heute noch begegnen. Während die einen davon ausgehen, dass sich das Übel in der Welt nur in beschränktem Masse eindämmen lässt, sind die anderen der Überzeugung, dass sich Gewalt, Unterdrückung, Diskriminierung und Elend immer weiter limitieren lassen. Dieser Einstellungswandel vollzieht sich auf dem Hintergrund neostoischer und christlicher Einflüsse, insbesondere calvinistischer und pietistischer Ausprägung. Taylor führt weiter aus, dass dieser Wandel die Grundlage ist für das, was wir Zivilität nennen.

Wir in der nordatlantischen Welt erachten es für selbstverständlich, dass Gewalt und Unordnung „normalerweise" nicht vorkommen und an die beiden Ränder – individuelle Kriminalität und staatlich gelenkter Krieg – gedrängt worden sind. Entsetzt blicken wir auf einige der Nachfolgerstaaten der früheren Sowjetunion und sehen dort Dinge, die eher an unsere vorneuzeitliche Vergangenheit erinnern. Außerdem haben wir in gewissem Sinne das Ziel erreicht, jedem Menschen „Zivilität" einzuimpfen, denn die große Mehrheit der Bevölkerung ist alphabetisiert, besucht jahrelang die Schule und respektiert bestimmte Normen disziplinierten Arbeitens und geordneten friedlichen Zusammenlebens.[62]

Wir haben also gemäß Taylor einen Grad der Zivilisiertheit erlangt, der als moralischer Fortschritt gewertet werden muss. Er wurde möglich dank des Vertrauens in die Fähigkeit, Menschen zu verbessern.

Wie wir inzwischen gesehen haben, ist Moral eine äußerst fluide Angelegenheit. In der Retrospektive lassen sich moralischer Fort- und Rückschritt beschreiben. Es verwundert daher nicht, dass wir in der Gegenwart in moralische Auseinandersetzungen verwickelt sind, die sich um den moralischen Fortschritt drehen.

Am augenfälligsten ist dies bei den Klimaaktivistinnen und Klimaaktivisten. Ihnen geht es ja nicht um eine private Moral, sondern darum, dass die Menschheit als Ganzes Maßnahmen gegen die Klimaerwärmung ergreift. Es geht ihnen weniger um das Erreichen eines bestimmten Ideals als vielmehr darum, die Menschheit vor den katastrophalen Folgen der Klimaerhitzung zu bewahren. Dabei berufen Sie sich auf die Erkenntnisse der Klimaforschung und der entsprechenden Sachstandsberichte des Weltklimarats. Die Klimaforscher geben sich zwar in den meisten Fällen

---

62 Charles Taylor. S. 212.

immer noch optimistisch, dass die Menschheit die Erwärmung noch in den Griff bekommen könnte. Ich halte das für Zweckoptimismus. Liest man beispielsweise das Buch „Die unbewohnbare Erde" von David Wallace Wells sieht die Lage düster aus. Sein Buch beginnt mit dem Satz: „Es ist schlimmer, viel schlimmer als Sie denken." Der Schriftsteller Jonathan Franzen hat für sich die Konsequenz gezogen: „Wann hören wir auf, uns etwas vorzumachen? Gestehen wir uns ein, dass wir die Klimakatastrophe nicht verhindern können." So der Titel seines Büchleins. Es gibt zwar das Pariser Klimaabkommen. Aber die Staatengemeinschaft wird es nicht schaffen, die Temperaturerhöhung unter zwei Grad zu halten. Die Folgen sind katastrophal: Dürre, Ernteausfälle, Waldbrände, implodierende Volkswirtschaften, gewaltige Überschwemmungen, Millionen von Klimaflüchtlingen, massenhaftes Artensterben.

Was wir bräuchten, ist nicht nur eine neue Moral. Die Weltwirtschaft müsste innert kürzester Zeit komplett umgebaut werden. Es wäre ein Wunder. Inzwischen habe ich aufgehört, an dieses Wunder zu glauben. Sollte es doch noch eintreten, umso besser.

Ich könnte mir als Individuum einen klimaneutralen Lebensstil verordnen. Ein ambitioniertes Unterfangen. Es bedeutet Verzicht auf allerlei liebgewordene Gewohnheiten. Keine Flüge mehr, kein Auto mehr, kein Fleisch essen oder noch besser vegan leben. Dies wäre eine progressive Moral. Aus Sicht der progressiven Moral handle ich folglich unmoralisch, wenn ich Auto fahre, fliege oder Fleisch esse. Möchte ich moralisch handeln, müsste ich auf all diese Aktivitäten verzichten. Das würde bedeuten, dass ich drastische Änderungen an meinem Lebensstil vornehmen musste. Eine derart konsequente Umsetzung hätte auch zur Folge, von meinen Freunden und Bekannten als Außenseiter wahrgenommen zu werden. Es könnte dazu führen, dass Freundschaften daran zerbrechen. Solange die anderen aber so weiter machen wie bisher, kann ich mir natürlich auch die Frage stellen, wieso ich verzichten soll. Ich behalte also mein unmoralisches Verhalten bei, weil auch alle andern unmoralisch leben. Da es aber nicht in mein Selbstbild passt, ein unmoralischer Mensch zu sein, versuche ich mich schadlos zu halten, indem ich mir andere Rechtfertigungen zurechtlege, z.B. die Fakten bestreite oder darauf hinweise, dass die anderen sich ja auch nicht ändern wollen. Schließlich ist die Politik nicht in der Lage, diejenigen Maßnahmen zu beschließen, die nötig wären, um die Menschheit vor dem Klimakollaps zu schützen. Ich agiere hier also nach dem Motto «Nach mir die Sintflut». Und wenn dann jemand daherkommt und mir mein unmoralisches Verhalten vorwirft, dann werfe ich ihm vor, dass er moralisiere. Dass er also einen überzogen hohen moralischen Anspruch an mich richte, der mich maßlos überfordere. Gleichwohl habe ich ein schlechtes Gewissen, weil ich insgeheim den moralischen Anspruch für berechtigt halte. Ich müsste sowohl mein alltägliches Verhalten anpassen als auch mich dafür einsetzen, dass in der Politik die nötigen Maßnahmen getroffen werden. Oder damit leben, eine unmoralische Person zu sein.

Ein weiterer moralischer Fortschritt besteht darin, sich nicht nur gegenüber Menschen, sondern auch gegenüber Tieren moralisch zu verhalten. Sie nicht nur zu unserem Nutzen zu gebrauchen, sondern ihnen auch Rechte zuzugestehen. Es würde bedeuten, der Leidensfähigkeit der Tiere mehr Beachtung zu schenken. Bereits Jeremy Bentham hat diesen Aspekt hervorgehoben. Er schreibt: „Warum sollte das Gesetz seinen Schutz irgendeinem empfindenden Wesen verweigern? Die Zeit wird kommen, da die Menschheit alles, was atmet, unter ihren Schirm und Schild nehmen wird." Auch John Stuart Mill hat Moral als das Prinzip des größten Glücks definiert und dabei die gesamte fühlende Natur einbezogen. Moralisch sind für ihn Handlungen, die die Tendenz haben, Glück zu befördern und moralisch falsch, wenn sie das Gegenteil von Glück bewirken. „Moral kann also definiert werden als die Gesamtheit der Handlungsregeln und Handlungsvorschriften, durch deren Befolgung ein Leben der angegebenen Art für die gesamte Menschheit im größtmöglichen Umfange erreichbar ist; und nicht nur für sie, sondern, soweit es die Umstände erlauben, für die gesamte fühlende Natur." Die beiden Denker waren diesbezüglich äußerst progressiv. Unser Umgang mit den Tieren ist auch hier stark durch die Religion geprägt. In der Bibel bekommen die Menschen konkret den Auftrag, über die Tiere zu herrschen. Im Hinduismus werden bestimmte Tiere besonders verehrt, so zum Beispiel die Kühe. Der Vegetarismus ist im Hinduismus sehr verbreitet. Im Buddhismus werden Tiere als fühlende Wesen verstanden. Die schweizerische Gesetzgebung setzte Tiere bis vor kurzem noch auf die gleiche Stufe wie Sachen. Aus der Perspektive der Tierrechtsethik ist die Massentierhaltung unmoralisch. Sie verursacht zu viel Leid. Bemerkenswert ist, dass es in Ländern wie Ecuador, Argentinien, Kolumbien und Pakistan bereits zu Gerichtsurteilen zugunsten von Elefanten, Schimpansen und Nilpferden gekommen ist.[63] Unsere Erkenntnisse über die Tiere wachsen laufend. So hat man herausgefunden, dass Bienen sowohl euphorisch wie depressiv sein können, dass Fische Freunde haben und sich einsam fühlen können.

---

63 Svenja Beller: Ist das Tier wie wir? Das Magazin vom 4. Februar 2023. S. 11.

Moralische Vorbilder

Was zeichnet moralische Vorbilder aus? Es sind Persönlichkeiten, die sich für das Allgemeinwohl einsetzen. Es sind Persönlichkeiten, die dem Frieden in der Welt zum Durchbruch verhelfen. Es sind Menschen, die sich für andere Menschen aufopfern. Menschen, die gegen Ungerechtigkeit und Unterdrückung vorgehen. Es sind Menschen, die sich für bessere Lebensverhältnisse einsetzen. Moralische Vorbilder kämpfen gegen soziale Ungerechtigkeiten. Moralische Vorbilder mindern das Leiden in der Welt. Sie setzen sich ein für die Einhaltung der Menschenrechte. Sie kümmern sich um die Erhaltung unserer Lebensgrundlagen. Sie gehen gegen Krieg und Korruption vor. Sie suchen nach Lösungen im Kampf gegen Hunger, Krieg und Krankheit. Sie tragen dazu bei, die Not in der Welt zu lindern.

Angesichts der Leistungen, die die Menschheit in den Bereichen Technik und Medizin hervorgebracht hat, ist es schwer zu verstehen, weshalb es uns nicht gelingt, Hunger und Krieg aus der Welt zu schaffen. Noch schwieriger zu verstehen, ist unsere Vogel-Strauß-Politik im Hinblick auf die bevorstehende Klimakatastrophe.

Die Menschheit ist zu beeindruckenden kulturellen Leistungen fähig. Denken wir an die Musik, die Malerei, die Literatur, die Architektur, die Wissenschaft. In diesen Gebieten sprechen wir weniger von moralischen Vorbildern. Wir sprechen von Genies, von Menschen, die mit ihrer Leidenschaft und ihrer Meisterschaft der Menschheit wunderbare Geschenke gemacht haben.

Lässt sich das Gleiche behaupten im Bereich der Politik und der Ökonomie? Wir im Westen gehen davon aus, dass Demokratie und Rechtsstaatlichkeit ein Fortschritt sind. Inzwischen gerät die Demokratie jedoch immer mehr in die Kritik. Nicht nur von jenen, die sie am liebsten abschaffen und durch ein autokratisches System ersetzen möchten. Es stellt sich die Frage, wie repräsentativ unsere Demokratien überhaupt noch sind. Ob die Macht noch beim Staat liegt oder nicht eher bei den wirtschaftlich potenten Akteuren? Wie stark prägt der Kapitalismus das politische Handeln? Sind die Staaten nicht Spielbälle der kapitalistischen Marktlogik?

Wir orientieren uns nicht an den moralischen Vorbildern, sondern an den wirtschaftlich Erfolgreichen. Wir bewundern vor allem jene, die es zu Macht und Reichtum gebracht haben und weniger jene, die sich für das Klima, für Flüchtlinge, für Pflegebedürftige und für Armutsbetroffene einsetzen.

Moralische Herausforderungen

Ein moralischer Grundsatz lautet, anderen nicht zu schaden. In Zeiten der Klimaerwärmung stellen sich dadurch neue moralische Herausforderungen. Wer kann noch mit gutem Gewissen konsumieren? Unser Güterkonsum schädigt nicht nur die Umwelt. Viele Produkte werden unter menschenunwürdigen Bedingungen hergestellt. Es ist heute praktisch nicht mehr möglich, etwas zu konsumieren, ohne anderen zu schaden. Nur sehe ich den Schaden nicht unmittelbar. Wenn ich im Laden das iPhone kaufe, sehe ich nicht, unter welchen Bedingungen es hergestellt wurde. Wenn ich in der Weltgegend herumfliege und meine CO_2-Bilanz verschlechtere, schade ich im Grunde genommen der Menschheit insgesamt. Nehme ich mir die Freiheit heraus, andere im Netz zu beleidigen, bin ich nicht unmittelbar mit der Reaktion des anderen konfrontiert. Wenn ich mein Fleisch esse, muss ich mich nicht mit dem Schlachten des Schweins befassen. Wir delegieren alles an Menschen, die für uns den Schaden anrichten und dafür entweder viel Geld erhalten oder sich damit knapp ihren Lebensunterhalt verdienen müssen. Unser Wirtschaftssystem belohnt die Profitmaximierung auf Kosten der Schädigung der Umwelt und der Schädigung der Arbeiterinnen und Arbeiter. Versuche ich als Konsument, Produkte zu kaufen, die weder die Umwelt belasten noch jene schädigen, die sie herstellen, muss ich bereit sein, einen höheren Preis zu zahlen. Nicht nur, weil der geldmäßige Preis höher ist, sondern weil ich mich auch noch darüber informieren muss, wie die Produkte hergestellt wurden. Moral kostet. Um den Konsumentinnen und Konsumenten die Last der Informationsbeschaffung abzunehmen, werden dann Labels eingeführt, die uns glauben machen, dass die Produkte unter fairen Bedingungen hergestellt worden sind. Wir glauben es gerne, hilft es uns doch, unser Gewissen zu beruhigen und unser Selbstbild als moralisch integre Wesen aufrechtzuerhalten.

Unser Verhältnis zur Moral

Meine Moral

Betrachten wir die Moral aus Sicht des Individuums. Als Individuum orientiere ich mein Verhalten einerseits an dem, was ich selbst für richtig und für gut befinde und andererseits an dem, was die Gesellschaft für richtig und für gut befindet. Nun können meine eigenen Moralansprüche mehr oder weniger von allgemein anerkannten Moralansprüchen abweichen. Sie können höher oder tiefer sein. Je nach der Größe dieser Differenz führt dies zu Konflikten mit der Gesellschaft. Habe ich höhere Moralansprüche an mich und die anderen, leide ich an der Unvollkommenheit der Gesellschaft und wohl auch an der Unvollkommenheit meiner selbst. Habe ich tiefere Moralansprüche, halte mich also nicht an allgemein anerkannte Regeln, muss ich mit Sanktionen rechnen.

Individuell kann ich auch höhere moralische Ansprüche vertreten, ohne diese auch von der Gesellschaft zu verlangen. Ich kann beispielsweise vegan leben, ohne dies von anderen zu verlangen. Ich orientiere mich an moralischen Grundsätzen und Normen, habe aber keinen Anspruch, dass sich andere daranhalten. Als Christ kann ich mich am Gebot der Gottes- und Nächstenliebe orientieren. Als Humanist kann ich mit Goethe sagen: „Edel sei der Mensch, hilfreich und gut." Ich kann mich an einem Idealbild des Menschen orientieren und mir bestimmte Tugenden aneignen. Wie besprochen an den Tugenden Mut, Gerechtigkeit, Besonnenheit und Weisheit. Liegt mir das Klima am Herzen, kann ich einen klimaneutralen Lebensstil pflegen. Und als Vegetarier oder Veganerin möchte ich ein Zeichen setzen gegen die Massentierhaltung.

Meine Moral ist Ausdruck meiner Persönlichkeit. Mein Leben und Handeln ist Ausdruck meiner Moral. Hierbei gilt es zwei Seiten zu beachten. Mein konkretes Handeln einerseits und die Orientierung an bestimmten Idealen andererseits. Bekanntlich klafft zwischen Ideal und Wirklichkeit eine Lücke. Je höher ich das Ideal ansetze, desto schwieriger gestaltet sich die Umsetzung im konkreten Alltag. Das Gebot der Nächstenliebe stellt einen höheren Anspruch dar, als den Nächsten bloß zu tolerieren. Die Ausdehnung der Nächstenliebe auf die Feindesliebe stellt einen noch höheren Grad des Anspruchs dar. Veganerin oder Veganer zu sein, stellt einen höheren Anspruch dar, als Vegetarierin oder Vegetarier zu sein. Klimaneutral zu leben, stellt ebenfalls ein hohes Ideal dar.

Es lassen sich somit bei der Moral unterschiedliche Grade der Idealität unterscheiden. Moral setzt sich aus einem Set von Grundsätzen unterschiedlicher Priorität zusammen. Wie stark orientiere ich mich an den Bedürfnissen anderer? Wie halte ich es mit der Wahrheit? In welchen Situationen ist Höflichkeit wichtiger als Wahrheit? Wann ist Wahrheit wichtiger als Höflichkeit? Wie viel Wahrheit ist meinen Freunden zuzumuten? Wann ist es angezeigt, gegen Ungerechtigkeit vorzugehen? Wie stark setze ich mich ein, um das Leid in der Welt zu mindern?

Meine Moral ist die Antwort auf die Frage, wer ich bin oder wer ich sein möchte. Diesen Unterschied zwischen Sein und Sollen gilt es genauer zu untersuchen. Je niedriger ich das Sollen ansetze, desto einfacher ist es, Sein und Sollen in Übereinstimmung zu bringen. Je höher ich das Ideal ansetze, desto schwieriger die Realisierung. Diese Diskrepanz kann zu einem schlechten Gewissen führen. Ich bleibe hinter meinem Ideal zurück.

Im Christentum steht für diese Diskrepanz der Sünder. Sünden sind Verstöße gegen Gottes Gebote. Wir werden dem Sollen nicht gerecht. Wir werden schuldig und brauchen deshalb Vergebung. Um die Schuld loszuwerden, gibt es die Möglichkeit der Reue und der Beichte.

Im Mittelalter etablierte sich das System der sieben Todsünden. Zu diesen zählen Hochmut, Geiz, Zorn, Wollust, Völlerei, Neid und Trägheit. Beging man eine Todsünde, ging man des Heils verlustig, es sei denn, man bereute und beichtete seine Sünde. Im Mittelalter wurde auch das Fegefeuer erfunden. Ein Ort zwischen Himmel und Hölle. Dies gab den Angehörigen die Möglichkeit, mittels Gebeten und Geld den Aufenthalt der Verstorbenen im Fegefeuer zu reduzieren. Daraus entstand ein blühender Ablasshandel, gegen den die Reformation antrat.

Doch was passiert mit jenen, die nicht glauben? Sie müssen andere Formen des Umgangs mit dem schlechten Gewissen finden. Auch hier gibt es verschiedene Grade des Umgangs. Eine wäre, sich selbst zu vergeben, mit sich tolerant zu sein. Sind andere wegen mir zu Schaden gekommen, kann ich sofern möglich versuchen, den Schaden zu beheben oder um Vergebung bitten. Eine andere Art des Umgangs besteht darin, sich selbst zu optimieren, immer besser zu werden, sich zu perfektionieren. Die Gewissensprüfung als Anlass zu nehmen, um besser zu werden. Wir können am Ende des Tages prüfen, inwiefern wir unseren moralischen Grundsätzen nachgekommen sind. Wo wir Fehler gemacht haben, wie wir anders hätten reagieren können, wie wir es inskünftig besser machen können.

Eine andere Art des Umgangs besteht darin, das Sollen am Sein zu orientieren. Dann tritt die Diskrepanz gar nicht auf und es entsteht auch kein schlechtes Gewissen. Je tiefer ich meine Moral ansetze, desto weniger plagt mich ein schlechtes Gewissen.

Unsere Moral

Betrachten wird die Moral unter kollektiven Gesichtspunkten. Jede Epoche, jede Nation, jede Gesellschaft, jede Gruppe lebt eine bestimmte Moral, die allgemein anerkannt ist. Welche Werte und Normen gelten, lässt sich beschreiben. In unserer Gesellschaft genießt Eigentum einen hohen Stellenwert. Nicht zu stehlen, ist deshalb ein allgemein anerkanntes Gebot. Ich bin immer wieder positiv überrascht, wie viel Vertrauen den Konsumentinnen und Konsumenten geschenkt wird. In vielen Lebensmittelläden können heute die Konsumentinnen und Konsumenten alle Waren selbst scannen und auch selbst bezahlen. Klar, die Geschäfte machen Stichproben und es ist sicher so, dass einige versuchen, das System auszureizen. Auch im Restaurant kommt es heute kaum noch jemandem in den Sinn, sich ohne Bezahlung der Rechnung davonzuschleichen. Auch ist es wie selbstverständlich, dass wir Menschen, die auf der Straße plötzlich zusammenbrechen, zur Hilfe eilen. Als in Zürich ein Autofahrer in der Limmat landete, sind sofort mehrere Passanten in den Fluss gesprungen, um ihn aus seiner misslichen Lage zu befreien. Was das Lügen betrifft, ist die Sachlage etwas weniger eindeutig. Hier sind die Grauzonen grosser. Gleichwohl würde ich behaupten, dass die meisten Menschen nicht zu den notorischen Lügnern gehören. Bei Naturkatastrophen sind die Menschen auch gerne bereit, zu spenden. Das Leid anderer ist uns nicht egal. Selbst im Straßenverkehr gibt es immer wieder Autofahrerinnen und Autofahrer, die einem den Vortritt lassen. Wer in fremden Gefilden nicht so schnell unterwegs ist wie die Einheimischen, macht auch mal den Weg frei. Wir geben Fremden gerne Auskunft, wenn wir nach dem Weg gefragt werden. In ärmeren Ländern ist die Gastfreundschaft beispielhaft. Da kann es dann sogar vorkommen, dass das Ehebett den Gästen zur Verfügung gestellt wird. Dies alles sind Beispiele einer gelebten, etablierten Moral. Es halten sich zwar nicht alle daran. Es ist aber allen bewusst, dass es eine solche Moral gibt, an die man sich halten sollte. Es gibt also ein Set von in der Gesellschaft geltenden Normen, Werten und Regeln, an denen wir uns als Individuen orientieren. Es handelt sich um Normen, Werte und Regeln, von denen wir annehmen, dass sie auch die anderen teilen. Wer dagegen verstößt, muss damit rechnen, ermahnt oder zurechtgewiesen zu werden. Eine solche Ermahnung oder Zurechtweisung erfolgt im Sinne der gelebten Moral zu Recht. Sollte der so Zurechtgewiesene von Moralismus sprechen, läge er damit falsch. Es handelt sich nicht um eine moralisch überzogene, sondern um eine moralisch berechtigte Ermahnung. Einen wichtigen Vorbehalt gilt es hier zu machen. Wie wir gesehen haben, besteht ein Bedingungsverhältnis zwischen der gelebten Moral und der Staatsform, in der wir leben. In einer Diktatur nimmt die gelebte Moral eine andere Form an als in einer Demokratie. In einer Diktatur müssen Sie damit rechnen, verhaftet zu werden, wenn Sie die Regierung kritisieren. In Russland dürfen Sie den Krieg gegen die Ukraine nicht als Krieg bezeichnen. Wird in einem Staat das Freund-Feind-Schema bedient, sehen Sie sich im Alltag ständig mit der Frage konfrontiert, ob mein Nachbar nun Freund oder Feind ist. In der DDR war der Staatssicherheitsdienst damit beauftragt, Staatsfeinde aufzuspüren und entsprechend zu sanktionieren. Es entwickelte sich eine spezielle Sprache, um die Zensur zu umgehen. Zudem war man nie sicher, ob Freunde oder Kollegen nicht mit der Staatssicherheit zusammenarbeiteten.

Moralisch gut dastehen

Es scheint ein allgemein menschliches Bedürfnis zu sein, moralisch gut dazustehen. Wir möchten, dass andere gut über uns denken, dass die anderen ein gutes Bild von uns haben, dass sie uns als guten Menschen wahrnehmen. Umso erstaunlicher ist es, wie das Bild vom guten Menschen, wie der „Gutmensch" derart diskreditiert worden ist. Mit dem Etikett „Gutmensch" versehen zu werden, wird bereits als Beleidigung aufgefasst. Dabei sollte es doch ein Kompliment sein. Wir möchten alle moralisch gut dastehen, aber keiner möchte ein Gutmensch sein. Was ist da passiert? Wie konnte es zu einer solchen Umwertung kommen? Gutmenschen setzen sich für eine bessere Welt ein. Sie halten die Menschenrechte hoch. Hunger, Krieg, Armut und Elend sind für sie zu beseitigende Übel. Kann es sein, dass unser moralisches Selbstbild in der Gegenwart von Gutmenschen angekratzt wird? Wir halten uns für gut und da kommt einer daher, der besser ist als ich. Damit ich weiter in gutem Licht erscheine, werte ich den anderen ab.

Gutmenschen werden als naiv angesehen. In einer Welt, in der es Schurken und Verbrecher gibt, gerät ein Gutmensch unter die Räder. Es brauchen auch nicht unbedingt Schurken und Verbrecher zu sein, es genügt schon ein besonders kompetitives Umfeld. Um in einer Hierarchie aufzusteigen, bedarf es auch mal der berühmten Ellenbogen, um seine Konkurrenz auszustechen. Gutmenschen haben da schlechte Karten.

Moralisch besser dastehen

Wer sein Gutsein rausposaunt, um andere schlecht dastehen zu lassen, ja sie sogar herabzusetzen, betreibt Moral als Distinktionsmerkmal: Ich bin moralisch besser als du, ich kaufe nachhaltige Produkte, ich kaufe Bio-Produkte, ich betreibe kein Food-Waste, ich lebe klimaneutral, ich lebe vegan, ich habe kein Auto, ich fahre nur ÖV und Velo. Alle jene, die das nicht machen, sind ganz einfach schlechte Menschen. Und ich bin ein besserer Mensch. So etwa könnte man den Versuch verstehen, moralisch besser dazustehen. In der philosophischen Debatte ist von „Moral Grandstanding" die Rede. Neutral könnte man es mit moralischer Selbstdarstellung übersetzen, es wird jedoch negativ verwendet im Sinne von moralischer Prahlerei.

Im Tages-Anzeiger vom 20. Oktober 2022 wurde über eine Studie mit 1800 Personen berichtet. Die Teilnehmer wurden über ihre Ansprüche an das ethische Selbst befragt. Die Teilnehmer gaben an, dass sie ihre moralischen Eigenschaften verbessern wollten. Sie wollten mitfühlender, offener, ehrlicher, respektvoller und zugewandter sein. Als Hauptmotivation gaben viele an, dass sie selbst dadurch zufriedener sein würden. Die untersuchenden Psychologinnen und Psychologen zeigten sich überrascht. Sollte es doch um das Wohl anderer und nicht um das eigene Wohl gehen. Der Autor des Artikels schreibt gar von einer niederen Motivation. Zugrunde liegt das Egoismus-Altruismus-Schema. Wer egoistisch ist, kann nicht altruistisch sein und umgekehrt. Man unterstellt Personen, die sich moralisch verbessern wollen, niedere Motive. Man unterstellt ihnen auch, dass sie das Bild als moralisch integre Personen nur nach aussen hin pflegen, um gut dazustehen. Weil sie es beim Streben um Geld und Macht nicht weit gebracht haben, möchten sie wenigstens als gute Menschen, nein sogar als bessere Menschen dastehen. Es gehe ihnen also nur um Status-Gewinne.

Personen, die sich moralisch verbessern wollen, werden diskreditiert. Sie sollen sich bitte nicht so aufspielen. Man unterstellt ihnen niedere Motive und schon wird aus dem Gutmensch ein Schlechtmensch. Man hat den Gutmenschen dann wieder da, wo man ihn haben möchte. Er soll genauso schlecht sein wie ich. Mit dieser Argumentation lassen sich alle Anstrengungen, ein besserer Mensch zu sein, abwürgen. Dabei möchten die Gutmenschen nur dazu beitragen, dass es ihnen und ihren Mitmenschen besser geht. Was soll daran schlecht sein?

Identität und Moral

Moralische Grundsätze, an denen ich mich orientiere, und Tugenden, die ich realisieren möchte, sind Bestandteile meiner Identität. Wie vollzieht sich diese Identitätskonstruktion? In einer Gesellschaft, in der die Individualisierung einen hohen Stellenwert hat, geht an mich die Aufforderung, eine eigene Identität auszubilden. Meine Identität soll mich von anderen unterscheiden. Da Moral eine große Bandbreite besitzt, kann ich mir die Aufgabe stellen, das für mich Passende aus dem moralischen Universum auszuwählen. Da Moral jedoch immer auch eine das Individuum übersteigende Komponente hat, ist meine moralische Identitätskonstruktion mit jenen Menschen verbunden, die gleiche oder ähnliche Moralbestände für sich realisieren möchten. Meine persönliche moralische Identitätskonstruktion muss sich nicht nur mit unterschiedlichen Moralbeständen auseinandersetzen, sondern auch gegenüber dem steten Wandel der Moral verhalten. Unterschiedliche Reaktionen sind denkbar. Ich kann den Wandel ignorieren, abwehren oder mich damit auseinandersetzen.

Zur Identitätskonstruktion gehört auch die politische Verortung. Ein interessantes Schema zur Einordnung politischer Spektren findet man bei Norbert Bischof in seinem monumentalen Werk „Moral. Ihre Natur, ihre Dynamik und ihr Schatten".[64] So lassen sich politische Strömungen in Bezug auf ihr Verhältnis zu Vergangenheit und Zukunft einordnen. Konservative orientieren sich an einer meist glorreichen Vergangenheit, die durch Mythen verklärt wird. Im linken Spektrum steht die Zukunft im Zentrum, die von Utopien geprägt ist, die einen unterschiedlich hohen Grad an Realisierbarkeit aufweisen. Das Leiden an der Gegenwart präsentiert sich denn auch unterschiedlich. Die einen wollen zurück in eine glorreiche Vergangenheit, die anderen vorwärts in eine glorreiche Zukunft.

Diese zeitliche Orientierung lässt sich auch mit den Begriffen konservativ und progressiv beschreiben. Konservativ bedeutet, das, was sich bewährt hat, bewahren. Es geht um die Pflege von Traditionen. Das kann die Familie, die Nation, die Religion sein. Bestehende Machtstrukturen wer-

---

64 Norbert Bischof: Moral. Ihre Natur, ihre Dynamik und ihr Schatten. Wien, Köln, Weimar 2012.

den ebenfalls konserviert, solange sie für Ruhe und Stabilität sorgen. Die progressive Seite orientiert sich an einer bestimmten Idealvorstellung der Gesellschaft, die sie zu realisieren versucht. Bestehende Machtverhältnisse werden infrage gestellt, wenn sie dem Prinzip Gleichheit zuwiderlaufen. Aktuell vollzieht sich diese Auseinandersetzung in Bezug auf die Gleichheit der Geschlechter und deren Rollenverteilung. Auch was die Rolle des Staates betrifft, zeigen sich deutliche Unterschiede. Wie viel traut man dem Individuum zu, wie viel dem Staat? Wo verläuft die Grenze zwischen privat und öffentlich? Wieviel Ungleichheit verträgt es in einem Staat und wo muss der Staat korrigierend eingreifen? Konservative und progressive Elemente finden sich wohl in allen politischen Spektren. Gerade was die Haltung zur Technik betrifft, sind konservative Seiten zum Teil progressiver. Denken wir an die Diskussionen um erneuerbare Energie oder Gentechnologie. Grünen ist die Bewahrung der Natur ein großes Anliegen. In der sozialen Frage verteidigen die Sozialdemokraten die bisherigen Errungenschaften und die Liberalen schwören auf Eigenverantwortung und lehnen zu starke Eingriffe in die Wirtschaft ab.

Dies alles lässt sich auch auf die individuelle Identitätskonstruktion anwenden. Die Vergangenheit hält eine reichhaltige Palette bereit, wie ein moralisch gutes Leben aussehen könnte. Einiges davon haben wir kennengelernt. Dabei stellt sich dann die Frage, inwieweit eine bestimmte moralische Haltung mit der gelebten Moral der Gegenwart kompatibel ist. Dies kann je nachdem zu größeren Spannungen führen. Religionen, Nationen und politische Haltungen haben ihre Wurzeln in der Vergangenheit. Sie sind auch Antworten auf Herausforderungen in der Vergangenheit. Ob sie auch für die Herausforderungen der Gegenwart und der Zukunft taugen, hängt davon ab, wie wandlungsfähig diese Systeme sind. Wenn eine Nation auf eine blühende Vergangenheit zurückblickt, möchte sie diese wiederherstellen und verkennt dabei womöglich die geänderten Rahmenbedingungen. Anders präsentiert sich die Situation, wenn ich mich an der Zukunft orientiere. In die Zukunft kann ich alles Mögliche hineinfantasieren. So stelle ich mir zum Beispiel eine Zukunft ohne Krieg vor. Nun werden die einen sagen, Krieg hat es immer gegeben und wird es immer geben. Andere haben die Hoffnung auf eine Welt ohne Krieg noch nicht aufgegeben. Im Silicon Valley gibt es auch Gruppierungen, die den Menschen unsterblich machen wollen. Der Kommunismus zielte auf eine klassenlose Gesellschaft. Heutzutage zahlreicher sind allerdings die dystopischen Fantasien. Sie haben angesichts des bevorstehenden Klimakollapses auch eine faktisch Basis.

Bischof beschreibt auch, wie sich die beiden Pole der Zeitachse mit einem unterschiedlichen Autonomiegefühl verbinden lassen.[65] Ich kann meine Autonomie und meine Identität auf eine grandiose Vergangenheit beziehen. Orientiere ich mich an der Zukunft, basiert meine Autonomie im Ergreifen der Freiheit, mich selbst zu verwirklichen. Grandiosität und Freiheit sind die beiden Pole der Achse. Wie Bischof weiter ausführt, ist diese Identitätskonstruktion nicht einfach zu verwirklichen. Scheitern kann sie in zwei radikalen Ausprägungen, indem sie auf die eine oder andere Seite kippt. Hierbei geht es um die Achse Sicherheit versus Erregung. Wir sind ihr in ähnlicher Form schon einmal begegnet, nämlich bei der Frage, ob wir die Welt als bedrohlich oder als spannend wahrnehmen.

Kippt die Identitätskonstruktion auf die Seite Sicherheit, geht das Individuum in der Gruppe auf. Dies können politische, nationale oder religiöse Gruppen sein. Alles, was nicht in das Schema dieser Gruppe passt, wird als fremd wahrgenommen und entsprechend bekämpft.

Kippt die Identitätskonstruktion auf die Seite der Erregung, sucht sich das Individuum von seinen Bindungen und Wurzeln zu lösen. Es zeigt sich allem Fremden gegenüber offen. Multikulturalismus wird zum Programm. Mir ist allerdings nicht einsichtig, worin das Scheitern bestehen soll. Gerade die Überwindung patriarchaler Strukturen und die Realisierung weiblicher Werte wie Empathie, Harmonie und Frieden, die Bischof erwähnt, erachte ich als positiv.

Identitätskonstruktionen lassen sich auch auf der Achse Sicherheit versus Freiheit verorten. Totale Sicherheit geht auf Kosten der Freiheit, totale Freiheit auf Kosten der Sicherheit. Auf dieser Achse müssen Individuum und Gesellschaft eine gute Balance finden. Identitätskonstruktionen befinden sich somit in ständigem Wandel. Um von diesem Wandel nicht überfordert zu werden, kann eine Besinnung auf die eigenen Bindungen und Wurzeln eine Hilfe sein. Es kann aber auch nötig sein, diese Bindungen zu kappen und die Wurzeln auszureißen. Vor allem dann, wenn sie sich als lebenshemmend erweisen.

---

65 Norbert Bischof: Moral. Ihre Natur, ihre Dynamik und ihr Schatten. S. 481 ff.

Die Krux mit der Moral

Das moralische Universum

Nachdem wir nun die verschiedenen Facetten der Moral beleuchtet haben, können wir uns zum Schluss die Frage stellen, was es heute heißt, moralisch zu leben. Wie wir gesehen haben, sind die moralischen Fallstricke mannigfaltig. Überall lauert der Vorwurf des Moralismus. Ich habe moralische Maßstäbe, die nicht nur für mich, sondern auch für die anderen gelten sollen. Liegen diese über der allgemein akzeptierten und gelebten Moral, ist der Vorwurf sofort hörbar: Moralismus. Pflege ich einen moralischen Lebensstil, der nach außen hin auch sichtbar ist, werden sich einige daran stoßen: Was bildet der sich eigentlich ein? Hält er sich für etwas Besseres? Pflege ich einen moralischen Lebensstil, der nach außen hin unauffällig ist, aber über der allgemein gelebten Moral liegt, besteht die Gefahr, dass ich mich den anderen moralisch überlegen fühle und dadurch die anderen abwerte.

Was kann es also heißen, heute moralisch zu leben? Was kann es heißen, ein guter Mensch zu sein? Wie sieht das Ideal eines guten Menschen aus?

Ein guter Mensch ist keine fixe Grösse. Das moralische Universum ist gross und verfügt über eine grosse Bandbreite. Wir können es einteilen in Moral und Unmoral. In den Bereich der Unmoral fällt alles, was Menschen schädigt. In den Bereich der Moral fällt alles, was Menschen fördert. In beiden Bereichen gibt es graduelle Abstufungen. Die Grausamkeit, die Menschen einander antun können, kennt fast keine Grenzen. Auf der positiven Seite der Moral ist das Spektrum ebenfalls gross. Wie wir gesehen haben, ist Moral eingebettet in gesellschaftliche, staatliche, wirtschaftliche und kulturelle Strukturen. Gesellschaft, Staat, Wirtschaft und Kultur setzen einen Rahmen, in dem sich Moral entfalten kann. Es gilt aber auch: Moral beeinflusst oder prägt gesellschaftliche, staatliche, wirtschaftliche und kulturelle Strukturen. All diese Strukturen haben ein bestimmtes Machtpotenzial. Dabei gibt es keine starre Hierarchie. Wir neigen zwar dazu, dem Staat und der Wirtschaft mehr Macht zuzugestehen. Doch wie wir gesehen haben, kann Moral auch mächtig sein. Manchmal auch mächtiger als Wirtschaft und Staat. Es gibt Länder, in denen die Kultur mächtiger ist als der Staat,

Länder, in denen die Wirtschaft stärker ist als der Staat, Länder, in denen der Staat übermächtig oder ohnmächtig ist.

Wir können Staaten unter moralischen Gesichtspunkten betrachten. Die Staatsform setzt den Rahmen, in dem wir unsere Moral leben können, ohne vom Staat behelligt zu werden. Moral hindert uns aber nicht daran, den Staat zu kritisieren und an seiner moralischen Verbesserung zu arbeiten. Über die Risiken einer Kritik am Staat haben wir einschlägige Beispiele besprochen. Neben Frieden und Sicherheit sollte der Staat die Wohlfahrt seiner Bürgerinnen und Bürger befördern. Wobei das Ausmaß dieser Wohlfahrt und auch der Aufwand für die Sicherheit Gegenstand der politischen Auseinandersetzung ist. Als eine wesentliche Errungenschaft wird die Gewaltenteilung erachtet. Sie dämmt Machtkonzentration ein und reduziert Willkürherrschaft. Ein weiterer Aspekt ist die Rechtsstaatlichkeit. Diese soll die Bürgerinnen und Bürger vor willkürlichen Einschränkungen ihrer Freiheit schützen. Wer gegen Gesetze verstößt, hat Anrecht auf einen fairen Prozess. Dabei haben wir auch darauf hingewiesen, dass der Gesetzgebungsprozess nicht über alle Zweifel erhaben ist. Nach wie vor wird jedoch die Demokratie als jene Staatsform angesehen, die den Bürgerinnen und Bürgern die meisten Mitsprache- und Freiheitsrechte gibt. Ein wesentliches Kriterium zur Beurteilung der moralischen Verfassung eines Staates ist die Einhaltung und Durchsetzung der Menschenrechte.

Wir können das Wirtschaftssystem unter moralischen Gesichtspunkten betrachten. Dabei haben wir gesehen, dass das kapitalistische System in Bezug auf die Güterproduktion unübertroffen ist, diese gleichzeitig jedoch Folgen zeitigt, die die Lebensgrundlagen sowohl für Tiere wie für Menschen zerstören. Die Globalisierung, die mit dem Kapitalismus einhergeht, hat zudem den Effekt, dass die Ressourcen der Natur verbraucht und zerstört werden. Die Ausbeutung von Menschen führt zu Zuständen, die mit jenen der Sklaverei vergleichbar sind. Das Prinzip Profit ist in der Welt höher gewichtet als das Prinzip der Nichtschädigung von Mensch und Natur.

Gegen die Unmoral ist das Prinzip von Epikur gerichtet: nicht zu schaden und sich nicht schaden lassen. Sich nicht schaden zu lassen, bedeutet, sich gegen physische und psychische Gewalt zu wehren. Selbsterhaltung und Selbstsorge sind allgemeine Prinzipien des Lebens. Mit der Ausweitung auf die psychische Sphäre wird das Prinzip nicht zu schaden und sich nicht schaden zu lassen, anspruchsvoller. Unmoralisch ist dann auch jegliches Verhalten, das andere abwertet, ausgrenzt und diskriminiert. Diese Formen der Abwertung anderer sind häufig kulturell eingeübt. Es sind

Praktiken, die individuell wie kollektiv unhinterfragt ablaufen. Um diese Abwertungen als solche zu erkennen, bedarf es Prozesse des Bewusstmachens, sowohl kollektiv wie auch individuell. Wer kann von sich behaupten, frei von Rassismus oder Sexismus zu sein? Haben Sie schon von Klassismus gehört? Ein neuer Begriff für mich. Laut Wikipedia bezeichnet er Vorurteile oder Diskriminierung aufgrund der sozialen Herkunft oder der sozialen Position und richtet sich meist gegen einkommensschwache Angehörige. Sozialhilfeempfänger sind von Klassismus betroffen, wenn ihnen vorgeworfen wird, auf Kosten der Allgemeinheit zu leben.

Ausbeutung von Menschen, wie das im kapitalistischen System gang und gäbe ist, ist per se unmoralisch, doch meist legal. Es wird eine gute Weile dauern, das Prinzip Ausbeutung aus dem Wirtschaftsprozess zu verbannen.

Wie ich schon zu Beginn dieses Buches ausführte, bin ich der Auffassung, dass es kein richtiges Leben im Falschen gibt. Es ist in unserer Zeit unmöglich geworden, mit einer moralisch reinen Weste davonzukommen. Die Frage kann einzig sein, wo ich mich auf der moralischen Skala verorte. Wieviel Moral will und kann ich mir selbst zumuten? Wie weit setze ich mich von der allgemein gelebten Moral ab? Wo verrate ich mich und meine selbst gewählten moralischen Prinzipien? Wie stark setze ich mich für eine bessere Welt ein?

Wie aus meinen Ausführungen deutlich geworden sein sollte, geht es mir in der Moral nicht um den Gegensatz zwischen Egoismus und Altruismus, sondern um das Gleichgewicht zwischen Selbst- und Fremdinteressen, um Selbst- und Fremdsorge. Ganz im Sinne des Prinzips, nicht zu schaden und sich nicht schaden zu lassen. Dieses Prinzip dient dazu, dass die Welt nicht schlechter wird. Würden wir diesem Prinzip auch auf der psychischen Ebene zum Durchbruch verhelfen, würde unsere Welt schon bedeutend besser aussehen. Noch weiter geht die Forderung nach dem größten Glück der größten Zahl. Eine Forderung, die sich vor allem an die Politik richtet. Womöglich eine Überforderung. Auch hier würde es reichen, sich auf Schadensvermeidung und Schadensbegrenzung zu konzentrieren.

Auf der individuellen Ebene wird häufig die Goldene Regel als moralisches Prinzip gesehen, um die Welt ein bisschen besser zu machen. Sie besagt, alle Menschen so zu behandeln, wie ich selbst behandelt werden möchte. Wie ich behandelt werden möchte, muss sich allerdings nicht mit dem decken, wie der andere behandelt werden möchte. Sie müsste vielmehr so lauten: Alle Menschen so zu behandeln, wie sie behandelt werden möchten. Eine ungleich schwieriger zu erfüllende Forderung, da ich nicht von mir ausgehen kann, sondern zuerst herausfinden muss, wie der andere behandelt werden möchte.

Moralisch leben heute

Also noch einmal: Was kann es heißen, heute moralisch zu leben? Es geht um mein Verhältnis zu mir selbst, zu meinen Mitmenschen und zur Welt insgesamt. Jeder dieser Aspekte verdient eine moralische Betrachtung.
　Im Verhältnis zu mir selbst geht es um die Selbstsorge. Im Verhältnis zu meinen Mitmenschen, diese einerseits nicht zu schädigen, mich aber auch nicht schädigen zu lassen. Auf einer weiteren Stufe, ihnen zu helfen, sie in ihrem Streben nach einem geglückten Leben zu unterstützen. Im Verhältnis zur Welt insgesamt, das Leiden der Welt zu vermindern und das Glück zu befördern. Hinzu kommt die Aufgabe, diese drei Verhältnisse ihrerseits auszutarieren. Wann muss ich mich primär um mich, wann um meine Mitmenschen, wann um die Welt kümmern?
　In allen drei Verhältnissen geht es darum, einen guten Umgang zu finden. Ich muss sowohl gut zu mir selbst, gut zu meinen Mitmenschen und gut zur Welt sein. Gut zu mir selbst zu sein, bedeutet, ein positives Selbstbild, ein gutes Selbstbewusstsein und ein gutes Selbstvertrauen zu entwickeln. Ich muss meine Talente und Fähigkeiten erkennen und entfalten. Ich muss dafür sorgen, dass ich mich nicht selbst schädige und darauf achten, dass andere mich nicht schädigen. Auf dieser Basis gilt es Tugenden zu realisieren. Dies können beispielsweise die vier Kardinaltugenden der Antike Besonnenheit, Mut, Gerechtigkeit und Weisheit sein. Besonnenheit vermeidet schädliche Extreme. Sie ist um Ausgleich unterschiedlicher Bedürfnisse und Interessen bemüht. Mut braucht es, um in Situationen, in denen Menschen Unrecht geschieht, einzugreifen. Es braucht Mut, um Menschen zu helfen, die in Not und in Gefahr sind. Mut braucht es auch, um gegen Ungerechtigkeiten anzugehen. Und es braucht Weisheit, all diese Tugenden in der rechten Weise zu gebrauchen.

Literaturverzeichnis

Aristoteles. *Nikomachische Ethik.* Aus dem Griechischen und mit einer Einführung und Erläuterungen versehen von Olof Gigon. München: Deutscher Taschenbuch Verlag, 1991.

Bärfuss, Lukas. *Stil und Moral: Essays.* Göttingen: Wallstein Verlag, 2015.

Beller, Svenja. *Ist das Tier wie wir?* Das Magazin, 4. Februar 2023.

Bischof, Norbert. *Moral. Ihre Natur, ihre Dynamik und ihr Schatten.* Wien, Köln, Weimar: Böhlau Verlag, 2012.

Bolz, Norbert. *Keine Macht der Moral! Politk jenseits von Gut und Böse.* Berlin: MS Matthes & Seitz, 2021.

Brecht, Martin. *Rückgriff mit Zukunft - Das Neue im Denken Luthers und der Reformatoren.* In: Susanne Heine (Hg.) Europa in der Krise der Neuzeit. Böhlau, 1986.

Bregman, Rutger. *Im Grunde gut. Eine neue Geschichte der Menschheit.* Hamburg: Rowohlt Verlag, 2020.

Brönimann, Christian und Oliver Ziehlmann. *Ermittlungen gegen Enthüller, nicht gegen CS.* Tages-Anzeiger vom 3. Februar 2023, S. 5.

Brönnimann, Christian und Oliver Zihlmann. *Bund ermittelt wegen Datendiebstahl bei der CS.* Tages Anzeiger vom 3. Februar 2023, S. 1.

Dangarembga, Tsitsi. *Die westliche Gesellschaft ist der Ansicht, sie sei die einzige Spezies, die denkt.* Barbara Achermann. Das Magazin, 21. Januar 2023.

Das Wunder von Kapstadt. Reg. Franziska Buch. 2022.

Das Wunder von Wörgl. Reg. Urs Egger. 2018.

Eagleton, Terry. *Das Böse.* Berlin: Ullstein Buchverlage GmbH, 2010.

El Ouassil, Samira und Friedemann Karig. *Erzählende Affen. Mythen, Lügen, Utopien. Wie Geschichten unser Leben bestimmen.* Berlin: Ullstein Buchverlage GmbH, 2021.

Epikur. *Über das Glück. Aus dem Altgriechischen und herausgegeben von Séverine Gindro und David Vitali.* Zürich: Diogenes, 1995.

Feuerbach, Ludwig. *Vorlesungen über das Wesen der Religion.* Stuttgart: Fr. Frommans Verlag, 1908.

Fischer, Johannes. *Ethik als rationale Begründung der Moral? Über eine moralphilosohische Verirrung.Universtiät Zürich. Institut für Sozialethik.* https://www.ethik.uzh.ch/dam/jcr:00000000-520d-fcbb-ffff-fffff0e89180/201004EthikBegruendungMoral12.pdf, kein Datum. Letzter Zugriff am 14. Juni 2023.

Fossier, Robert. *Das Leben im Mittelalter.* München: Piper Verlang GmbH, 2008.

Franzen, Jonathan. *Wann hören wir auf, uns etwas vorzumachen? Gestehen wir uns ein, dass wir die Klimakatastrophe nicht verhindern können.* Hamburg: Rowohlt Taschenbuch, 2020.

Literaturverzeichnis

Heine, Susanne, Hrsg. *Europa in der Krise der Neuzeit. Martin Luther: Wandel und Wirkung seines Bildes.* Wien, Köln, Graz: Böhlau, 1986.

Henrich, Joseph. *Wir im Westen sind die Seltsamen.* Andreas Tobler, Pascal Blum. 26. Januar 2023. Tages Anzeiger.

Hobbes, Thomas. *Leviathan oder Stoff, Form und Gewalt eines kirchlichen und bürgerlichen Staates.* Hrsg. und eingeleitet von Iring Fetscher. *Übers. Von Walter Euchner.* Frankfurt am Main: Suhrkamp, 1989. EA 1651.

Honecker, Martin. *Schwierigkeiten mit dem Begriff Tugend. Die Zweideutigkeit der Tugend. In: Tugendethik.* Hrsg. Klaus Peter Rippe und Peter Schaber. Stuttgart: Philipp Reclam, 1998.

Hübl, Philipp. *Die aufgeregte Gesellschaft. Wie Emotionen unsere Moral prägen und die Polarisierung verstärken.* München: C. Bertelmann, 2019.

Kant, Immanuel. *Gesammelte Schriften.* Berlin: Hrsg.: Bd. 1–22 Preussische Akademie der Wissenschaften, Bd. 23 Deutsche Akademie der Wissenschaften zu Berlin, ab Bd. 24 Akademie der Wissenschaften zu Göttingen, AA IV, 421., 1900ff.

Lange, Friedrich Albert. *Geschichte des Materialismus und Kritik seiner Bedeutung in der Gegenwart.* https://www.projekt-gutenberg.org/langef/material/chap019.html. Letzter Zugriff am 15. Juni 2023.

Lessenich, Stephan. *Neben uns die Sintflut. Die Externalisierungsgesellschaft und ihr Preis.* München: Carl Hanser Verlag, 2016.

Lutz, Heinrich. *Europa in der Krise: Sozialgeschichtliche und religionssoziologische Analyse der Wende vom 15. zum 16. Jahrhundert. In: Europa in der Neuzeit.* Hrsg. Susanne Heine. Wien, Köln, Graz: Böhlau, 1986.

MacIntyre, Alasdair. *Der Verlust der Tugend. Zur moralischen Krise der Gegenwart.* Frankfurt am Main: Suhrkamp, 1995. EA 1961 After Virtue. A Study in Moral Theory.

Meier, Philipp. *Revolutionärin im Bilderkosmos. Pipilotti Rists verführerische Videos machen aus Kunstkonsumenten staunende Kinder.* NZZ vom 29. Oktober, S. 45.

Moeller, Bernd. *Geschichte des Christentums in Grundzügen.* Göttingen: Vandenhoeck und Ruprecht, 1987.

Müller, Armin. „Wenn Grönländer Marx widerlegen." *Sonntagszeitung vom 1. Januar 2023.* S. 41.

Nietzsche, Friedrich. *Zur Genealogie der Moral. Eine Streitschrift.* Wilhelm Goldmann Verlag, EA Leipzig 1887.

Nussbaum, Martha. *Kosmopolitismus. Revision eines Ideals.* Darmstadt: Wissenschaftliche Buchgesellschaft, 2020.

Official Secrets. Reg. Gavin Hood. 2019.

Pausch, Robert und Mark Schieritz. „Warum holt sich Habeck eine Heuschrecke in sein Miniterium?" *Die "Zeit" vom 24. November 2022.* S. 8.

Pinzani, Alessandro. *Politische Tugenden bei Hobbes.* Bielefeld: transcript, 2013.

Precht, Richard David. *Die Kunst, kein Egoist zu sein. Warum wir gut sein wollen und was uns davon abhält.* München: Wilhelm Goldamnn Verlag, 2010.

Rist, Pipilotti. *"Meine Arbeit ist nicht Flucht vor der Wirklichkeit, sondern ein Hingehen in Traumwelten"* Birgit Schmid. NZZ, 29. Oktober 2022.

Rousseau, Jean-Jacques. *Emil oder Über die Erziehung.* Paderborn, München, Wien, Zürich: Ferdinand Schöningh, 1971 [EA 1762].

—. *Schriften zur Kulturkritik.* Hamburg: Felix Meiner, 1983.

Rückert, Sabine. „Über das Gute und das Böse." *Sabine Rückert über das Gute und das Böse.* Olivia Röllin. 2. Oktober 2022. Schweizer Fernsehen: Sternstunde Religion.

Safranski, Rüdiger. *Das Böse oder das Drama der Freiheit.* Frankfurt am Main: Fischer Taschenbuch Verlag mit freundlicher Genehmigung des Carl Hanser Verlags, München Wien, 1999.

—. *Nietzsche. Biographie seines Denkens.* München, Wien: Carl Hanser Verlag, 2000.

Sahlins, Marshall. *Das Menschenbild des Westens - Ein Missverständnis?* Berlin: Matthes & Seitz, 2017.

Schmidt-Salomon, Michael. *Jenseits von Gut und Böse. Warum wir ohne Moral die besseren Menschen sind.* München: Pendo Verlag in der Piper Verlag GmbH, 2009.

Schriefel, Anna. *Stoische Philosophie. Eine Einführung.* Ditzingen: Reclams Universal-Bibliothek, 2019.

Schröder, Winfried. *Moralischer Nihilismus. Radikale Moralkritik von den Sophisten bis Nietzsche.* Ditzingen: Reclam, 2005.

Schuler, Edgar. *"Heute geht es um ein paar Russen, morgen vielleicht um Sie und mich".* Tages Anzeiger vom 4. Februar 2023, S. 4.

Schweizer Fernsehen: Einstein. *Unser Gehin ist, was es isst.* Tobias Müller. 5. Januar 2023.

Sloterdijk, Peter. *Den Himmel zum Sprechen bringen.* Berlin: Suhrkamp, 2021.

Staas, Christian. *Sie bauten ein Haus, das schwebt.* Die "Zeit", 15. Dezember 2022.

Taylor, Charles. *Ein säkulares Zeitalter.* Frankfurt am Main: Suhrkamp, 2009.

Ulrich, Bernd. *Ihr mit eurer Moral.* Die „Zeit", 24. November 2022.

Und täglich grüsst das Murmeltier. Reg. Harold Ramis, 1993.

Vorländer, Hans, Hrsg. *Demokratie und Transzendenz. Die Begründung politischer Ordnungen.* Bd. 12 Edition Politik. Bielefeld: transcript, 2013.

Wallace-Wells, David. *Die unbewohnbare Erde. Leben nach der Erderwärmung.* München: Ludwig, 2019.

Wirth, Roland. *Marktwirtschaft ohne Kapitalismus. Eine Neubewertung der Freiwirtschaftslehre aus wirtschaftsethischer Sicht.* Bern: Haupt Verlag, 2003.

Wringham, Robert. *Ich bin raus. Wege aus der Arbeit, dem Konsum und der Verzweiflung.* München: Wilhelm Heyne Verlag, 2016.

Youtube. *Hegel für Eilige Folge 4: Vernunft.* https://www.google.com/search?q=youtube+hegel+f%C3%BCr+eilige+folge+4&rlz=1C1CSMH_deCH930CH930&oq=youtube+Heg&aqs=chrome.3.69i57j0i512l2j69i59j0i22i30l5j0i10i22i30.7333j0j4&sourceid=chrome&ie=UTF-8#fpstate=ive&vld=cid:d2baaecf,vid:aVZAsnlwi6U, 22. September 2020. Letzter Zugriff am 14. Juni 2023.

Ziehlmann, Oliver. *Fürs Image der Schweiz könnte das zum GAU werden.* Tages-Anzeiger, 3. Februar 2023, S. 2.